JEAN CARRIÈS

GRAND PORTRAIT DE CARRIÈS

Cire vierge

ARSÈNE ALEXANDRE

JEAN CARRIÈS

IMAGIER ET POTIER

Étude d'une Œuvre et d'une Vie

PARIS

ANCIENNE MAISON QUANTIN

LIBRAIRIES-IMPRIMERIES RÉUNIES

May et Motteroz, directeurs

7, rue Saint-Benoit

1895

JEAN CARRIÈS

I

Masque de femme, dit : « La mère de Carriès ».
Grès.

La vie même de Carriès fut œuvre d'art, et sa personne n'offrait pas moins de surprises et de séduction que ses travaux.

Comme on n'admire bien qu'à la condition de s'oublier soi-même, ceux qui l'ont aimé pour lui et non pour eux l'ont goûté sans restriction, puis regretté sans arrière-pensée.

Quant à ceux qui se sont trouvés aux prises avec son caractère, âpre et sauvage souvent, autant qu'il pouvait être tout de grâce et d'ensorcellement, ils rendent plein hommage à son génie d'artiste, à son ardente et exclusive passion pour son métier. Comme ils avaient été d'abord parmi les plus séduits, il entre dans leur souvenir presque autant de regret que d'amertume.

La mort, d'ailleurs, a expliqué bien des choses et elle a jeté sur toute cette
vie une saisissante lueur. Elle a, on le verra, suivi l'homme et l'artiste pas à
pas, l'accompagnant depuis ses plus jeunes années, l'inspirant, s'incorporant
à son œuvre, hantant sa pensée, puis le frappant soudain, comme une collabo-
ratrice devenue jalouse du succès. Elle répand sur toute l'œuvre de Carriès
cette beauté si mélancolique et si fière.

Et pourtant !...

Et pourtant cet être exceptionnel et condamné, si visité d'instincts graves,
religieux, si martyrisé d'inquiétudes dont on ne peut soupçonner l'intensité et
la persévérance, cet être de mort était en même temps un être de charme
infini.

Il était tout lumineux d'entrain, d'abandon et de joie. Par les gaietés les
plus enfantines, les plus folles, il vous emportait avec lui. Pour vous conquérir
sans peine, il possédait des grâces imprévues et pour ainsi dire féminines, des
mots caressants et mordants.

Ses entretiens tantôt d'une expansive tendresse, tantôt d'une verve satirique
et d'une force de mépris aussi justes que cruelles, tantôt d'une élévation et d'une
finesse merveilleuses ; ses enthousiasmes, ses cris d'angoisses, ses badinages,
ses colères, son rire étincelant ; les tristesses qui le faisaient subitement pâlir
et altéraient ou étranglaient sa voix; les fixités d'un regard qui se replongeait
alors dans de terribles méditations de rêve et de tourment, tout cela émanait
de cette véhémente nature, de ce raffinement inné, de cette force d'action et de
ce désir de faire beau, comme un parfum de fleur, sans plus d'effort ni de
calcul.

Carriès ne peut être compris autrement : c'était une plante rare, inexplicable comme les très belles choses naturelles et très jaillies de terre. Toutes
ses qualités étaient des dons, toutes ses trouvailles des révélations conservées et réalisées par une magnifique volonté.

Au Salon de 1892 furent montrées pour la première fois à la foule ses
sculptures et ses poteries, qui n'étaient connues que d'un nombre restreint
d'amis et de curieux d'art. Ces évocations sentimentales, nobles, souriantes,
douloureuses ou fantastiques, ces recherches et ces emplois de matière harmonieuse, puissante et discrète, passionnèrent profondément. S'il est possible
de faire comprendre à une race et à ses artistes ce que c'est que la volupté

d'art obtenue par le style et par l'intelligente mise en œuvre des matériaux, Carriès plus que tout autre y contribua ce jour-là. Son influence en ce sens fut et demeurera sensible.

Voilà les émotions artistiques et intellectuelles dont on voudrait conserver le souvenir, l'œuvre dont on va s'efforcer de retracer l'accomplissement, de déterminer la signification et la portée, enfin la nature exquise et le caractère de trempe surprenante, dont il faut faire revivre ou révéler la beauté brusquement éteinte.

L'enfance de Carriès est singulièrement touchante. Elle est triste aussi.
Beaucoup des plus anciens et des plus fidèles amis ont ignoré les détails qui vont
suivre. La prédestination de charme et de souffrance qu'ils révéleront aura
l'éloquence toute simple et toute poignante de la vie. Ils vaudront mieux, en
somme, que les légendes acceptées et propagées par les journaux. Carriès ne
parlait point de cela ou, quand il en parlait, aimait à dérouter les gens.

Les meurtrissures de l'âme d'enfant laissent leur trace ineffaçable dans
l'âme de l'homme fait. Quant à ses affections et à ses tendresses anciennes,
il n'a pas besoin de les répandre à tous les vents. Il les conserve pour lui seul,
et le culte du souvenir est d'autant plus fort qu'il demeure replié et muet.

Une Sœur de charité de Montpellier, la Sœur Callamand, alors en religion
Sœur Émilie, avait parmi les enfants confiés à sa garde un orphelin du nom
d'Auguste Carriès. Quelques années plus tard, elle était appelée à la maison
de Saint-Jean de Lyon, et elle rencontrait dans cette ville son ancien enfant
qui faisait son service militaire; elle le protégeait, l'aidait à se marier et à
s'établir de son métier de cordonnier, rue Bellièvre, 5, à la porte de la maison
des Sœurs du Doyenné, dont elle lui faisait obtenir la pratique.

Le cordonnier de la rue Bellièvre eut quatre enfants : Michel, Joseph, né
en 1855 [1], Agnès et Philippe. La Sœur Callamand s'occupa de leur procurer
des parrains et des marraines riches. Pour Joseph, elle obtint la protection de
Monsieur et de Madame Rappet, une femme aimable et intelligente qui a laissé

à Lyon de vifs regrets, et qui plus tard devait porter de l'intérêt à son filleul et lui donner de valables recommandations.

Auguste Carriès et sa femme moururent à peu d'intervalle, tous deux

« Mon portrait vu en décor, en 1891, à Montriveau ».
Masque en grés.

emportés par une maladie de poitrine, l'une à trente-deux ans, l'autre à trente-cinq. Joseph Carriès ou plutôt Jean-Joseph-Marie Carriès (à Lyon on ne l'a connu et on ne le désigne encore que sous son second prénom), demeurait orphelin à l'âge de six ans. Le souvenir de sa mère l'a toujours suivi, et comme tendrement et tristement obsédé. Il portait sur lui une petite médaille, ou une petite croix qu'elle avait portée ; il a évoqué et créé d'elle une image sévère et pure, qu'il a fixée au bas d'une de ses œuvres les plus importantes et les plus chères. L'écho de ce type et de cette expression se retrouve dans presque toutes ses figures de femmes.

A un ou deux amis, il a dit parfois : « J'ai à peine connu ma mère et je ne sais presque rien d'elle, mais elle a dû être une femme remarquable, puisqu'elle m'a fait. »

MÉDAILLON DE JEUNE FILLE, ᴅɪᴛ LA SŒUR DE CARRIÈS

Bronze à cire perdue.

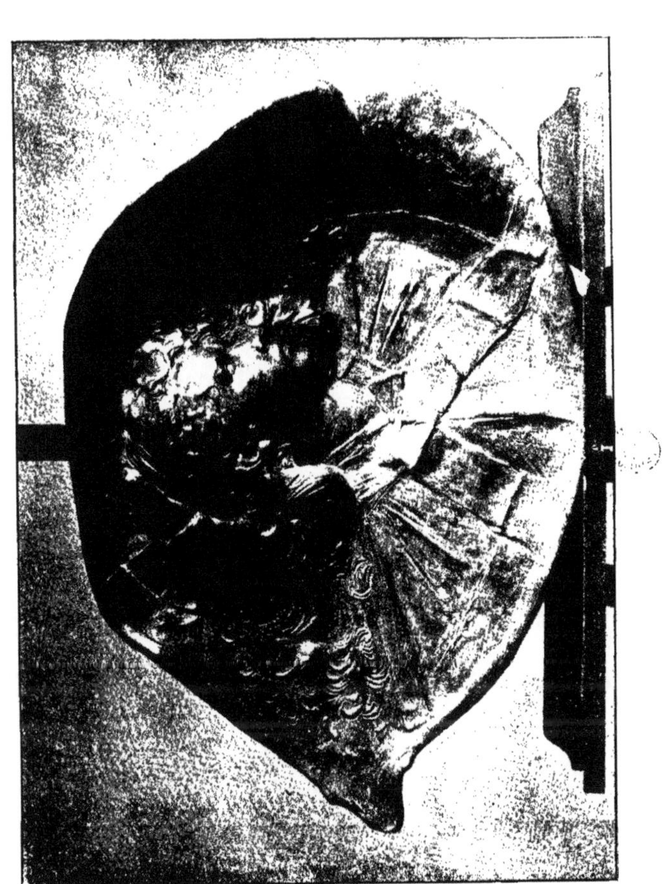

La Sœur Callamand prit Agnès à l'orphelinat de Saint-Jean et fit entrer Joseph à la Providence-Denuzière.

La sensibilité, la vivacité extrêmes, l'indépendante et fougueuse nature de cet enfant ne purent jamais supporter sans peine la règle de l'orphelinat, qui, fût-elle bienveillante et maternelle, sera toujours, par cela même que c'est la règle d'un orphelinat, étroite, froide et morne pour les êtres qui ont de grands besoins d'expansion et de liberté. Carriès se souvenait d'y avoir souffert, comme souffrirait un merveilleux petit sauvage.

Une des dames patronnesses de la Providence-Denuzière, Madame Onofrio, qui s'était intéressée à l'orphelin comme plus tard elle aida l'artiste dans ses débuts, racontait la foi charmante, invincible, que la Mère Callamand conservait en « son enfant », malgré les alarmantes nouvelles que les Sœurs lui apportaient : gaieté indisciplinée, leçons apprises sans zèle ou pas apprises du tout, manque d'ardeur au travail des couronnes de perles fabriquées à l'orphelinat.

— Laissez-le, laissez-le ! se contentait-elle de répondre. Vous verrez : plus tard, il saura et fera mieux que les autres !

Les pauvres Sœurs étaient déconcertées devant ce petit diable, et il s'est conservé jusqu'à maintenant dans leur mémoire un trait qui les frappa dans leur habitude des humbles et dans leur propre humilité.

La Mère Callamand faisait sortir Joseph Carriès deux ou trois fois l'an

pour l'envoyer rendre visite à ses parrains et souhaiter leurs fêtes. La Sœur
Louise conduisant un jour l'enfant pendant une de ces sorties, il lui demanda
avec insistance « quel métier faisait son parrain ». — Il est avocat; mais
pourquoi me demandes-tu cela? — Parce que je veux être comme lui,
répondit-il avec énergie.

Et la religieuse qui a communiqué cet enfantin et falot souvenir le com-
mente en ces termes dont rien ne pourrait remplacer la gentille simplicité :
« Le ton de ses paroles montrait déjà que dans cette jeune tête était un esprit
qui voulait s'élever et qui ne craignait pas d'aspirer bien haut, ayant la volonté
de devenir un génie. » Je ne puis transcrire cela et penser à l'effroi des
bonnes Sœurs devant une telle ambition sans avoir envie de sourire et de
m'attendrir en même temps. Mais je pense aussi que ces paroles d'enfant, qui
troublaient les paisibles et résignées filles de charité, évoquent en moi le
souvenir de ce que nous disait encore, il y a deux ans, l'artiste tout frémis-
sant de son rêve : « Je vais faire des bibelots si admirables que, d'ici dix
ans, je veux en avoir vendu pour des millions ! » cependant que ses mains
ébauchaient en l'air le mouvement de sa vision, et que l'émotion des **créations**
entrevues le saisissait brusquement à la gorge, lui étreignait le cœur, le faisait
devenir plus pâle, avec un regard plus fixe, comme effrayé...

A l'âge de treize ans il était encore à l'orphelinat Denuzière, lorsqu'un
sculpteur et fabricant d'images de piété, nommé Vermare, qui était en relations
avec l'économe de l'orphelinat, demanda si parmi les enfants il ne pourrait pas
trouver un apprenti; Carriès s'offrit, fut accepté et commença l'apprentissage
de modeleur et d'estampeur.

Des confidences incomplètes ou mal comprises, et de ces détails qui se
travestissent de bouche en bouche, ont donné lieu à une légende qui va être
écartée une fois pour toutes. On a représenté Carriès comme perdu à l'aventure, abandonné de tous, sorte de manœuvre errant, couchant où il pouvait,
gâchant du plâtre pour gagner un morceau de pain, vivant avec les scieurs de
pierre et les maçons, lui-même sorte d'ouvrier maçon en qui seraient venues
soudain la révélation et la volonté d'art. La vérité est, comme toujours, plus
belle que cette légende banale. Carriès a toujours été un être exquis et marqué,
et, dès sa sortie de l'orphelinat, il a commencé une vie et une éducation d'artiste. La vocation n'a été ni tardive ni inattendue.

Entre lui et son premier maître Vermare, il ne put s'établir d'entente plus
qu'il n'en peut exister entre le rêve et la règle. C'est le malentendu qui pèse

La Religieuse.

sur toute la jeunesse de Carriès; comme il était né et doué pour marcher
seul, dans les protections les mieux intentionnées il n'aura senti que des
entraves. Un être tout de fougue, d'impulsion, de sensations admirablement
personnelles, un être impatient de se rendre compte et de créer ne pouvait

que se trouver mal à l'aise et froissé dans un intérieur régulier et austère, où
ce qu'il commençait à entrevoir d'art ne faisait que lui rendre plus insupportable ce qu'il était obligé de subir de commerce et d'industrie. Les conseils
sont une irritation de plus, et les bonnes intentions, les bons procédés
même qui ne font pas naître de sympathies n'astreignent pas à la reconnaissance. Ce droit à ce que la morale courante appelle ingratitude, et qui serait
odieux chez les médiocres qui se croiraient du génie, devient légitime, tant il
est fatal, chez les exceptionnels qui ont un génie véritable. Ils profitent de ce
qu'on leur tend ; ils font leur œuvre, et ils passent.

Chez Vermare, Carriès ne fut pas un simple manœuvre condamné aux
seules basses besognes ; mais il supportait mal les avis, voyait déjà tout autre
chose que le métier imposé, et il avait en somme conservé de cette partie de
sa jeunesse un farouche souvenir. Son maître lui conseillait, dans les inter-
valles du travail d'apprenti mouleur et modeleur, de suivre les cours de l'École
des beaux-arts de Lyon. Mais le peu de grammaire qu'il peut y avoir appris
ne constitue pas sa véritable éducation artistique. L'initiation seule valable
est celle que sa propre nature lui a fait bientôt trouver.

Le statuaire Pézieux se rappelle et nous a dépeint un jeune garçon à face
pâle, énergique et chétive, aux yeux d'inquiétude et de souci, aux yeux d'observation et d'interrogation ardente, face admirable et douloureuse, éclairant les
haillons de la blouse, saisissante sous le vieux feutre étoilé de plâtre du mouleur.
Chaque fois qu'il passait devant la boutique du marchand de statues, proche la
cathédrale, l'artiste jeune était frappé de l'expression intense de ce garçon
maigre et blême, devinait en lui une fraternité, un désir de rapprochement.
Puis, un dimanche, il le rencontrait au Musée des arts décoratifs, finissait par
lier connaissance. Et chaque dimanche à ce musée, dorénavant, il retrouvait
Carriès, bien lavé, bien peigné, avec ses habits neufs, comme pour la messe,
contemplant sans cesse des moulages de la chapelle de Brou, qu'il adorait et
qui l'effaraient, et dont il se remplissait les yeux, ses yeux de solitude et de
songerie, religieusement.

Dès le début de son apprentissage, ses aptitudes artistiques s'étaient
révélées. La Mère Callamand, la supérieure des Sœurs de Saint-Vincent-de-
Paul, admirable, attentive, vraie fille du saint et vraie mère de l'artiste,
mère d'intelligence et de bonté, qui continuait la mère de nature et de beauté

enlevée par la mort, intervient encore ici. Elle aide Joseph, après ses trois
ou quatre années d'apprentissage, à s'établir chez lui, à travailler pour lui. Il
loue une petite chambre, 50, rue Tramassac, chambre de pauvre dans un quartier misérable, mais où il est son maître, où il peut rêver et œuvrer ardem-
ment, tandis que la Mère Callamand se remue pour lui, cherchant des portraits
à faire, le recommandant à de grandes familles, les de Raousset, les Mollière,
les Aynard ; le faisant connaître, sachant qu'il se fera aimer.

Ce n'était pas la dernière fois qu'elle se vouait à lui être utile, à le servir. Il
est arrivé parfois, plus tard, que tel intime ami de Carriès, lorsqu'il parla de
cette femme excellente, et encore d'une ou deux personnes (le colonel Miquel
de Riu, entre autres, que nous connaîtrons bientôt) qui furent pour lui parfaitement bonnes, demandait avec une nuance d'affectueux reproche : « Et vous
ne leur avez plus écrit? Vous ne leur avez plus donné de vos nouvelles une
fois à Paris? — Non... Je pense à eux, répondait Carriès avec cette voix basse
qu'il avait dans certains moments d'émotion et qui vous entrait à vous-même
dans le cœur, avec ce léger froncement du sourcil, cette tête baissée, ce regard
qui devenait sombre et qui se dirigeait en dedans. Je pense à eux! »

De cette reconnaissance muette, intérieure, sans manifestations conventionnelles, même sans apparent souvenir, nous verrons, envers la Sœur Callamand en particulier, des indices au cours de l'œuvre et une preuve poignante à
la fin de la vie...

Carriès, à dix-neuf ans, ayant à Lyon une sorte de commencement de
célébrité, Carriès déjà tout entier, c'est-à-dire ayant déjà excité des étonne-
ments et exercé bien plus de séductions, part alors brusquement pour Paris,
annonçant à deux ou trois camarades qu'il a un oncle très riche qui l'appelle.
Cet oncle très riche, c'est quelques francs qu'il a en poche et l'avidité de voir
des choses.

IV

Dans le voisinage de l'École des beaux-arts, où il était venu étudier avec une subvention de la ville de Lyon, Pézieux entend une voix déjà un peu oubliée qui l'appelle. C'est Carriès.

Reconnaissance; embrassades. Carriès tout de suite parle de ses éblouissements d'art, de ses projets, de ses découvertes d'œuvres dans des coins de monuments, dans des jardins, un groupe d'un certain Thiébault, entre autres, aux Tuileries... « Il faut que tu viennes voir cela, tout de suite, avec moi. Viens. Quel artiste ! Avoir fait cela ! Pouvoir faire des choses comme cela ! »

Et il entraîne Pézieux, tout en causant, tout en se grisant de souvenirs et d'avenirs, jusqu'au pied de l'*Ugolin* de Carpeaux dont il n'a lu, dans sa fascination, que la signature de fondeur. Il continue à en rêver tout haut, à s'exalter sur cette énergie, cette expression, ce modelé. La conversation se poursuit en montant toute l'avenue des Champs-Élysées. Nouvelles exclamations devant le groupe de Rude, que le jeune homme discute passionnément. Le compagnon de Carriès remarque alors qu'il est bien pâle et que ses forces semblent près de le trahir. Il l'interroge affectueusement, et très discret, très digne et très simple, Carriès fait un aveu de misère et de faim. Il n'a pas mangé depuis la veille. bah! une bagatelle. C'est dans les environs de la place de l'Étoile; on passe devant la boutique d'un marchand de vin pourvue de la niche du marchand de marrons. Le pauvre Carriès accepte l'offre d'un ami qui n'est guère riche. En purs Lyonnais, ils se réconfortent, l'un de sa faim, l'autre de

son émotion, avec un dîner de vin et de marrons tout chauds, pendant que les
rires, les gentilles boutades, les enthousiasmes de Carriès repartent grand train.

Cette année 1874, il fut agréé comme élève par M. Dumont, professeur,
chef d'atelier de sculpture, et il a travaillé quelque temps sous sa direction ; mais
comme il n'a jamais réussi aux épreuves d'admission proprement dite, on ne
saurait le considérer comme élève de l'École.

Il se mit, dès son arrivée à l'atelier, à esquisser un bas-relief, une *Descente
de croix*, qui avait, paraît-il, une belle allure, mais dont rien n'a été conservé.

Le Fronton du château de Meslay-le-Vidame.

À ce moment il avait déjà des procédés de travail favoris, différents de la
banalité de ceux dont se contentent les élèves corrects. Lorsque ses camarades
le virent tremper son pinceau dans la barbotine (on nomme ainsi la terre délayée
très liquide), en colorer son bas-relief, sculpter, pour ainsi dire, avec son
pinceau, chercher déjà de délicats et subtils effets de peintre pour rehausser
la fermeté de sa sculpture, ils éclatèrent en rires et en moqueries : « Qu'est-ce
que c'est encore que celui-là ? On voit bien qu'il sort de chez un magotier !
Pourquoi n'est-il pas resté à peindre ses Saintes Vierges ? »

Beaucoup plus dédaigneux encore qu'écœuré de ces railleries et de ces
promiscuités d'atelier, Carriès dit un jour : « Je n'ai rien à faire ici ; je n'y
reviendrai plus. »

Il a fait encore un concours pour entrer en loge, un très beau concours,
paraît-il. Le sujet précis n'a pu m'être mentionné : il s'agissait d'un personnage
romain se rendant en exil volontaire. Carriès avait représenté, dans un mouvement très entraînant, la famille de ce personnage s'accrochant à ses vêtements,
le retenant, le suppliant ; il ne fut pas mentionné.

Allez un jour dans cette noire et étroite rue, proche Saint-Séverin, qui a nom rue de la Huchette. Imaginez dans un des modestes hôtels garnis qui composent et attristent cette rue une des chambres les moins somp-

L'Homme à la toque.
D'après une ancienne photographie, œuvre disparue.

tueuses; c'est là qu'un être énergique et pitoyable a travaillé passionnément pendant de longues journées, continuant ce travail la nuit, à la lumière incertaine de chandelles dont la dépense a certainement fait tort plus d'une fois à celle de ses maigres repas. Carriès a entrepris là ses premières têtes de *Désolés*, de *Déshérités*. Pendant longtemps et même après qu'il eut quitté la rue de la Huchette, il aima faire poser des mendiants ravagés, hâves, des hères marmiteux et piteux; quant au sentiment qui perçait sous les faces

3

tourmentées de ses modèles, il n'avait pas besoin d'aller le chercher bien loin.

Dans une lettre adressée à son bon et dévoué ami le docteur Louis Jullien, Carriès a décrit ainsi sa demeure : « Mon hôtel de la rue de la Huchette est facile à trouver. C'est à dix pas de la place Saint-Michel en partant de la place à main gauche.

« Au commencement de la rue, en partant de la place, il y a un imprimeur-papetier, puis un restaurant, un marchand de vieux livres, un petit marchand de charbon, et lève le nez, tu verras *Hôtel* : l'hôtel est propre, grand, je crois numéro 28, je n'ai jamais su au juste le numéro de mon écurie, la bête n'avait pas besoin de cela.

« Tu me feras plaisir en y allant. Merci à l'avance de la peine que tu te donnes pour le magot. »

Il payait vingt francs par mois pour cette chambre, et l'atelier, ou plutôt le hangar où il travaillait, rue d'Odessa, lui coûtait quarante-deux francs par trimestre. Aujourd'hui que tous les gens riches pensent faire de l'art, et que le nombre des peintres et des sculpteurs s'est multiplié dans une proportion terrible, on trouve un grand nombre d'ateliers, mais plus à ce prix.

Trop pauvre pour se payer des modèles de profession autres que ses déguenillés et pour faire d'autres études que celles qu'offrent libéralement le Louvre et les sculptures de Notre-Dame, ne voulant plus demander à l'atelier Dumont ce qu'il n'y pouvait trouver, n'y sentant qu'hostilité ou indifférence, Carriès s'était procuré des moulages sur nature.

Le mot a été trop souvent prononcé de façon malveillante, et en même temps que dans une acception trop inexacte, pour que nous ne le relevions pas nettement et que nous ne donnions pas certaines explications en toute tranquillité. Carriès a longuement interrogé, regardé, palpé les moulages. Il les a étudiés avec sa main étonnamment souple, habile et sensible. Les moindres rapports de plans et de saillies, il les savait par cœur ; ils lui étaient devenus familiers ; ces rapports, ces plans s'étaient classés dans sa tête comme une orthographe. Il sentait les formes sous ses doigts comme d'autres les conçoivent ; il aurait pu, pour ainsi dire, continuer à faire de la sculpture en devenant aveugle ; et voir les formes était pour lui encore une façon de les toucher. Ce sont des choses que nous analyserons plus en détail en examinant ses procédés de travail.

En même temps qu'il apprenait ainsi par cœur l'orthographe des formes
solides, le jeune sculpteur poursuivait des études toutes spéciales et toutes
différentes, relatives exclusivement à l'épiderme. Il cherchait, par de délicats
tours de mains, à rendre le duveté de la peau, le mouillé des lèvres, le luisant,
la couleur d'un regard, l'imperceptible frémissement d'une narine, d'une com-
missure. Un des premiers essais en ce genre fut un portrait de lui-même, où il se
réjouissait d'avoir exprimé des yeux brillants, des lèvres humides et pulpeuses,
le floconnement léger de sa barbe naissante, rare, très soyeuse et très blonde.

Or, dans les premières têtes qu'il exposa, l'on fut frappé, chez un
artiste aussi jeune, d'une telle solidité revêtue d'une telle couleur, et l'on ne
s'expliqua pas d'abord d'où cela sortait. Ce style déroutait, cette exécution
ne ressemblait pas aux autres, et la malveillance étant toujours l'inspiratrice
des premiers jugements, le mot de moulage sur nature fut prononcé. On l'a
dit de Rodin, on l'a dit de Carriès, on le dira d'autres encore, on le dirait
aujourd'hui de Verrochio et de Donatello, qui ont, eux aussi, mis des peaux
si vraies sur des ossatures si précises et si dures. Cela n'a aucune importance. Il y a une chose que tous les moulages du monde ne sauraient donner
et même contrarieraient absolument, c'est le pénétrant parfum d'art et le style.
Or il suffit de parcourir l'illustration de ce livre, de passer des premières
œuvres conservées à celles de la vaillante période qui a enfanté le *Vélasquez*,
le *Guerrier*, l'*Évêque*, le *Frans Hals*, la *Femme de Hollande*, et de celles-ci aux
toutes dernières, pour comprendre à la fois le savoir et l'inspiration de
Carriès : tout ce que ses doigts ont construit sur des indications certaines,
et tout ce que son âme y a pétri d'expression et de style en puisant dans
l'observation, dans le sentiment — et dans le souvenir...

Ces premières explications ont été données parce qu'il fallait bien fournir
un point d'appui au dédain, mais aussi et surtout parce qu'elles sont des plus
intéressantes. Elles font voir, en un résumé et à leur naissance même, les
facultés et qualités dominantes de Carriès : l'observation, la mémoire, qui
donnaient la construction ; pendant le travail, l'émotion et la volonté, qui donnaient la stylisation ; une étonnante habileté manuelle, qui obtenait l'exécution
rare ; puis, par-dessus le tout, des choses moins explicables, c'est-à-dire des
dons personnels tout particuliers, et même un certain côté de surnaturel et
d'au-delà, sur la troublante et funèbre beauté duquel il faudra revenir.

V

L'harmonie de mort qui s'est fait entendre dès la naissance de Carriès,
et qui l'a accompagné toute sa vie, tantôt dissimulée sous des œuvres, des
gaietés et des succès, tantôt se manifestant par des faits cruels et brusques,
domine ici et s'impose par un de ses motifs les plus poignants, les plus doucement déchirants.

La Mère Callamand a rappelé, à ce moment, Carriès à Lyon, en hâte,
pour faire le portrait de sa sœur Agnès,
qui se mourait sous le voile de la
novice, à l'orphelinat de Saint-Jean [4].
Carriès put voir sa sœur mourir, et il put
exécuter son buste. Une petite photographie de la pauvre jeune fille ne l'a jamais
quitté. Agnès Carriès était d'une grande
beauté. Les Sœurs que nous avons déjà
citées disent simplement « qu'elle aussi
était d'une remarquable intelligence et
artiste dans l'âme ». Dans toutes les têtes
gracieuses et jeunes, si pensives, si
douces, de l'œuvre de Carriès, se retrou-
vent sinon les traits exacts de la
petite novice, de la petite morte
de dix-huit ans, du moins son
intense et finement douloureux
souvenir d'expression et de grâce.

Un des premiers bébés.
Photographie jadis d'après la terre.

VI

Sur la recommandation de sa marraine, Madame Rappel, l'artiste, vers
la même époque, c'est-à-dire en 1875 ou 1876, entra en relations avec
Madame Allard de Châteauneuf. On retrouve dans ces relations nouvelles,
sans aucun doute, la protection constante de l'attentive Mère.

Il s'agissait d'exécuter encore une œuvre dont la douleur était l'inspiratrice. Le peintre Eugène Allard étant à Rome avait été volé et assassiné
par un modèle. Sa veuve, après de longues et douloureuses hésitations, s'était
décidée à faire faire un buste de lui d'après des documents tenus pour un
temps clos et scellés : un portrait du vivant, puis un moulage du masque après
le meurtre ; Carriès avait été choisi sur les instantes recommandations que
l'on sait et que l'on devine.

L'impression produite sur lui par le second de ces documents a dû être
vive, car il y a quelques rapports, selon Madame Allard de Châteauneuf, entre
l'expression de ce masque et celle de plusieurs de ses œuvres, plus particulièrement de la *Tête de Charles Ier* fondue à cire perdue, et sans doute aussi
de cet *Homme au grelot,* autrement baptisé, en ces derniers temps, le *Bouffon
désespéré,* et qui a été exécuté en des grès admirables.

La spontanéité, les surprises d'affection et de tendresse qui ont été un
des traits du caractère de Carriès, au moins autant que la sauvagerie, l'indé-
pendance jalouse, l'éclat et la morsure soudaine du sarcasme, se manifestèrent
à cette occasion d'une façon délicate et rare. Peu de temps après avoir terminé

le buste commandé, il apporta à Madame Allard de Châteauneuf une terre
cuite, une œuvre qu'il avait exécutée en secret, et qu'il lui offrait en reconnaissance de son hospitalité. C'était la même et douloureuse tête, recouverte d'un
voile, d'un effet éloquent et tragique.

En rapprochant, comme nous l'avons déjà fait, les mouvements d'âme de

Buste d'Eugène Allard.

l'enfant ou du jeune homme de ceux de l'homme mûr, nous retrouvons celui qui,
dans un semblable élan de cœur, disait à un de ses plus intimes amis venant
de perdre une personne chère : « Je te ferai pour mettre sur sa tombe une
figure de désespéré, qui sanglotera et dont on ne verra pas la tête ! »

Mais en dehors de la beauté de sentiment que peuvent trouver dans de
telles attentions ceux qui en furent l'objet, la tête voilée d'Allard révèle encore
une autre chose qui touche au talent même et à l'organisation de l'artiste.
C'est Carriès éprouvant l'impérieux besoin de faire autre chose qu'un portrait,
c'est-à-dire qu'un document exact. Un sentiment, une impression le poursuit;

il faut qu'il la réalise sous une autre forme, qu'il l'interprète, qu'il lui donne
un style. Le trait dominant de sa conception et de son art, c'est qu'il veut
dégager, non copier. Et c'est ainsi que certaines œuvres qu'il a recommencées
trois fois, dix fois se sont toujours élevées vers le caractère et vers la simplicité.

Masque voilé d'Eugène Allard.
Terre cuite.

Sa jeunesse fut séduite par le pittoresque, par le réel même, tandis que
ses instincts l'entraînaient en même temps, presque à son insu, de plus en plus
loin de la chose *vraie*, vers la chose *sentie* et évoquée.

De ce séjour chez Madame Allard de Châteauneuf, à Lyon, il faut retenir
encore un ou deux détails piquants et significatifs. Un des salons, le mieux
éclairé et le plus spacieux, avait été provisoirement transformé en atelier pour
Carriès. L'hôtesse affable le venait voir parfois au travail, et souvent elle le

trouvait rêvant, étendu sur les canapés anciens, les mains pleines de boulettes
de terre qu'il envoyait çà et là, au hasard, aussi absorbé par sa pensée qu'in-
différent aux meubles de prix. Surpris dans cette rêverie et interrogé sur son
sujet, il s'écriait : « Je veux faire grand. Je voudrais faire grand comme le
monde ! » Et comme un jour, pour le piquer doucement, on lui répliquait :
« Mais, mon pauvre Joseph, on dirait que vous avez la prétention d'égaler
Michel-Ange ! — Ce n'est pas assez, madame, reprenait Carriès. Je veux faire
plus. Je veux être un Vélasquez en sculpture. » Ainsi, sous cette forme à la
fois sérieuse et humoristique, et avec cet intraduisible ton d'intrépidité, de
confiance et d'enjouement dont seuls peuvent avoir l'idée ceux qui ont connu
l'homme, s'affirmait ce goût de l'artiste, cette attraction d'un art à la fois aisé
et châtié, harmonieux mais sévère, coloré mais d'une souveraine distinction.

Un article dont la signature est une autorité témoigne du cas que l'on
commençait à faire, à Lyon, de cet artiste de vingt ans, et de la notoriété qu'il
avait conquise, mais aussi de sa vie précaire. C'est une causerie de l'excellent
peintre Joseph Guichard ; il décrit, proche des travaux qui bouleversaient
à ce moment la montagne de Fourvières, « un rez-de-chaussée étroit et humide,
lieu où les soucis ne manquent guère ». Et il ajoutait : « Dans ce petit réduit,
le jeune statuaire du nom de Carriès, qui s'est fait connaître à la dernière exposition des Amis des arts par une poétique et poignante conception (une jeune fille
morte, sa sœur), termine en ce moment le portrait de l'honorable Monsieur
Mollière, tête fine et pleine de distinction, mais dont les os très près de la
peau multiplient et nuancent tellement les superficies, que c'est certainement, pour la statuaire, le programme le plus difficile à résoudre. Eh bien,
selon moi qui ne suis qu'un peintre, Carriès est sorti victorieux de cette lutte.
Je recommande aussi le masque voilé d'un linceul du malheureux Allard,
assassiné à Rome par son modèle. C'est un drame terrible rendu, j'ose
dire, en maître, sans crainte d'être démenti. »

Le buste du docteur Mollière, de Lyon, dont il est parlé ici, a été exposé à
Paris, au Salon de 1879[1], où il a passé inaperçu. Carriès en faisait remarquer à
ses camarades le crâne dénudé, très réussi, et qui l'enchantait.

VII

Pendant les grandes manœuvres de 1876, la Supérieure des Filles de la
Charité de Saint-Jean vint faire une visite au colonel du 20ᵉ régiment d'infanterie, le comte Miquel de Riu. Elle venait lui recommander avec les plus vives
instances un protégé à elle, un jeune sculpteur, Joseph Carriès. Elle le priait
de le faire admettre dans son régiment, de lui épargner les fatigues qui pouvaient être mortelles pour sa santé frêle, de lui faciliter autant que possible la
continuation de son travail d'art, et d'empêcher que ne fût interrompu et
meurtri par les brutalités de la caserne son travail de rêve.

A ce moment, la Mère Callamand avait installé Carriès au couvent même,
où elle lui avait ménagé un logement agréable.

Le colonel de Riu vit le jeune homme, le revit, et souvent, et visita
avec lui les musées, les monuments de Lyon. A son tour, il fut conquis irrésistiblement par ce qu'il y avait en lui de grâce lumineuse, de beauté chétive
et comme menacée, de chaleur de cœur et d'enthousiasme pour les belles
œuvres. Il le jugea vrai artiste d'instinct, qui comprenait et sentait sans
avoir rien lu.

Avant même de savoir rien de son enfance, le soldat devinait son milieu,
ses souffrances, ses aspirations. Au musée, il était frappé de la justesse de
son goût, de l'élévation de ses idées. Il remarquait la préférence qu'il donnait
à l'expression sur la ligne ; enfin tous deux, le tout jeune homme et l'homme
avancé dans la vie, s'enthousiasmaient devant certaines œuvres, discutaient

devant d'autres, riaient même ensemble des bustes officiels qui se ressemblaient
tous, et des décorations conventionnelles, lourdes, prétentieuses de certaines
maisons. Ces sculptures soi-disant ornementales exaspéraient tout particulièrement l'ancien petit amoureux des moulages de Brou. Il s'écriait
qu'il y avait autre chose à faire, qu'il voulait l'essayer un jour.

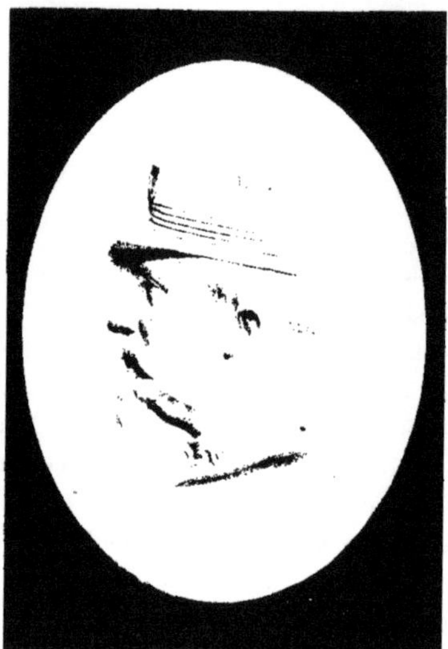

Médaillon du colonel Miquel de Riu.

Parfois l'enthousiasme allait jusqu'à l'émotion nerveuse, à l'accablement.
Toutes ces choses attiraient et charmaient le colonel, et entre lui et son futur
soldat mille liens affectueux naissaient.

En janvier 1877, Carriès était engagé au 20ᵉ régiment. Une dernière fois
avant l'incorporation, la Mère Callamand, pressant les mains du colonel
entre ses mains amaigries par les mortifications d'une vie consacrée aux
abandonnés, lui avait dit : « Je vous le confie. Voyez-vous, c'est mon fils ! »
L'officier ne se fit point faute, dans la plus large mesure possible, d'exaucer

les vœux de cette mère d'adoption, si inquiète et si vigilante. A Lyon, Carriès put travailler encore ; il fit entre autres un médaillon de son capitaine et de la femme de celui-ci. Puis, en juin, le régiment partit pour Montauban.

Les jours de Montauban ont été ceux de la plus étroite intimité entre Carriès et son bon colonel. Carriès avait à cœur de se montrer un excellent soldat, et le soldat en était récompensé bientôt par la liberté accordée à l'artiste. Il pouvait louer un petit atelier en dehors de la caserne, et consacrer à son art la plus grande partie de son temps et les quelques ressources qui lui restaient de ses travaux exécutés à Lyon. Cette vie d'artiste en pantalon rouge a été quelque chose d'original et d'amusant, une page gaie de cette vie : Carriès se divertissant des types de la chambrée, régalant ses camarades, fastueusement, au *Zouave bleu,* offrant de temps en temps à son brosseur, un sapeur breton, le régal princier d'une « salade de harengs » fortement assaisonnée d'oignons et arrosée des vins du cru de Montauban, enfin racontant à son colonel, lorsqu'il venait lui faire visite, les scènes de la chambrée interprétées avec une verve bouffonne.

Monsieur Miquel de Riu se rendait fréquemment dans le petit atelier où successivement servirent de modèles des camarades du régiment, puis un menuisier sans ouvrage, gaillard vigoureusement musclé qui demeurait maître de la place. Carriès entreprit alors une statue qui devait s'appeler l'*Esclave enchaîné,* après avoir maintes fois changé d'allure ainsi que de sujet. On avait l'ambition de l'exposer à Lyon pour tâcher d'obtenir la subvention de 1,500 francs qui aurait été d'un grand secours lors du retour à Paris ; mais cette statue paraît avoir été à la fin abandonnée.

Il est intéressant, en revanche, de noter que Carriès fit alors divers essais de terre cuite, et qu'il connut dès ce moment les angoisses et les déceptions du feu. Il n'y avait à Montauban et dans les environs que des fours à poteries, et les médaillons ou bustes que leur confiait Carriès craquaient de toutes parts, lui causant des colères et des tourments très vifs. Enfin il réussissait à obtenir ce qu'il souhaitait en envoyant sa sculpture cuire à Toulouse ; mais il a également, à Montauban, fait déjà quelques pièces simples, à la façon des poteries rustiques, notamment une sorte de tire-lire qu'il offrit à son colonel.

Un tableau charmant de la façon toute simplement reconnaissante et toute

tendre dont le jeune homme se comportait envers son chef et son ami nous a
été tracé par le général Miquel de Riu. Dans cet intérieur qui s'ouvrait affectueusement à lui, il se montrait empressé, caressant, expansif, tout en boutades
aimables et en prévenants procédés, allant jusqu'à la câlinerie, au désir de
se rendre utile dans les moindres besognes, « par dévouement de varlet du

Un adjudant du 20ᵉ.

moyen âge », et sans effort passant d'un de ces petits services rendus avec
un tact parfait, ou d'une audition de quelque morceau de bonne musique jouée
par Mademoiselle de Riu, à des exposés de théories personnelles, d'aspirations parfois vagues et confusément formulées, des aveux d'une sorte de
socialisme mystique, de désirs d'une plus juste répartition des biens. Il y avait
dans tout cela une part d'instinct et une part de lectures fort espacées⁵. Mais
ce qui dominait, c'étaient les qualités de cœur, un jugement fin, exact et précis,
une sensibilité extrême se traduisant par les traits d'affection les plus vifs, et

une grande distinction d'esprit se portant toujours naturellement vers les choses élevées.

En 1878, Carriès, grâce à de puissantes protections mises en œuvre notamment par le docteur Mollière, qui lui portait un vif intérêt et lui prodiguait d'édifiants conseils, obtint un congé qui fut renouvelé jusqu'à sa libération, et il partit pour Paris.

Quelque temps avant son départ avait eu lieu une petite scène où Carriès se révèle complètement. Il avait voulu faire à Monsieur Miquel de Riu la surprise du médaillon de sa fille, et l'idée de réaliser une œuvre exquise et digne du modèle l'enthousiasmait. « Je veux, répétait-il, faire beau et délicat comme la Renaissance. »

Au retour des manœuvres, l'artiste conduisait son colonel, comme par hasard, à l'atelier où divers médaillons se trouvaient, entre autres celui dont il voulait faire la surprise au chef qui lui avait témoigné tant de bienveillance, de sympathie, rendu de si grands services. Le médaillon était, paraît-il, délicieux d'élégance, de grâce, d'expression, mais non d'une ressemblance littérale, et le colonel eut un moment d'hésitation, ne reconnut pas immédiatement le modèle. Carriès était devenu vert d'émotion, et toute son attitude révélait une colère et un désespoir. Puis, d'un mouvement irrésistible, il saisit le médaillon et le brisa.

« Voilà, dit-il, ce qu'il faut faire quand on n'a pas réussi. »

LA NOVICE

Grès rehaussé d'applications d'or et d'argent.

VIII

Le misérable taudis de la rue de la Huchette; des observations anxieuses incessantes, sur des documents de nature et sur la nature elle-même ; pour atelier un hangar exposé à tous les froids dans un coin perdu, avec un vieux mendiant pour gardien, hôte et modèle en même temps, et qu'un matin l'on trouvait mort dans ce coin désolé ; des promenades au Louvre et à Notre-Dame ; la vie seule, côte à côte avec les tristes et intenses souvenirs d'enfance, voilà la véritable « école des beaux-arts » de Carriès et sa vie pendant deux ou trois ans après son départ du régiment.

Avant de rentrer à Paris, il avait repassé par Lyon, où il était resté peu de temps. Il y avait vu celle qu'il appelait « petite mère » ; puis quelques amis, Monsieur Mollière, Madame Rappet, lui avaient remis de petites sommes ; de sorte qu'en se replongeant dans l'inconnu, il était riche de cinq cents francs. Il avait à ce moment l'espoir qu'on allait lui procurer « un professorat dans un collège de Jésuites ou de Frères ». Mais cette idée de Carriès professeur fait naturellement sourire.

Il trouvait, bien entendu, plus de soucis que de leçons, et cette période a été une des plus dures. Lorsqu'il prenait ses repas dehors (chez lui, c'était une croûte de pain en travaillant), il allait dans une petite pension des environs de l'École, pension bien connue des artistes qui ont débuté alors et dont la mention reviendra dans plus d'une histoire des gens célèbres d'à présent : la mère Nail.

Carriès était pâle, pensif, d'une chétivité telle que ses camarades le jugeaient alors condamné ; il ne prenait pas grand'chose, et pour cause. Mais la mère Nail était très napoléonienne. Elle trouvait que Carriès ressemblait à

Le Cuisinier.

son héros, et, avec une impérieuse et cordiale libéralité, elle renforçait les portions et imposait même de gratuits suppléments.

Les premières têtes de misère et de souci qu'il a exécutées, le commencement de cette série des *Déshérités,* des *Désolés* ou des *Épaves,* comme on voudra choisir parmi ces titres qu'il a adoptés successivement ou presque en même temps, ont donc été faites rue de la Huchette. Il venait plus d'une fois prendre ses camarades, entre autres Pézieux, à la pension, leur faisait hâter leur dîner, les emmenait impatiemment voir à la chandelle le morceau près

Tête de Désespéré au grand chapeau.
Plâtre patiné.

d'achèvement et qui prenait dans ce coin vraiment approprié et à cette lumière incertaine des aspects neufs et émouvants.

Mais ce n'est pas seulement dans ce sens pittoresque que les premiers efforts de Carriès s'exercèrent. Avant même de chercher sa voie dans ces bustes d'expression dramatique et d'exécution minutieuse, il avait été sollicité par des œuvres d'un tout autre ordre, et dont le fameux *Esclave enchaîné,* de Montauban, peut être considéré comme le point de départ, perdu d'ailleurs et détruit comme tout le reste. Des choses à la Michel-Ange le hantaient. Il avait une facilité extrême ; en très peu de temps construisait une figure, composait un bas-relief, puis détruisait le tout. A défaut d'œuvres importantes de ce moment, le témoignage de Pézieux, de Gandara, de quelques autres de ses camarades suffit pour établir la conviction qu'il y avait alors en Carriès le départ et l'étoffe d'un sculpteur, dans le sens salonnier du mot ; un sculpteur de statues à médailles et à reproductions.

C'était le temps où rentrant à l'atelier, au retour de promenades au Louvre, il interprétait de souvenir les *Prisonniers* de Michel-Ange et les copies réduites des figures de la chapelle des Médicis, dans des ébauches pleines de vigueur et d'allure.

Une superbe figure de forgeron, esquissée en deux heures à l'atelier de Pézieux, a été détruite aussi. Il reste pourtant de cette époque le fronton, ou plus exactement la moitié du fronton exécuté pour le château de Meslay-le-Vidame, au comte de Brimont. La partie exécutée par Carriès est celle avec la figure de vieillard. L'autre moitié est de Pézieux ; ils s'étaient partagés ainsi la besogne. Cette composition du *Temps dévoilant les Heures,* Carriès en avait trouvé la commande en fréquentant, dans un des moments de détresse, un de ces « cercles d'ouvriers » dont on parla beaucoup alors. Elle montre suffisamment les chances certaines qu'il avait, avec ses dons d'activité et ses grâces personnelles, de conquérir une place excellente dans l'art courant.

Mais son extrême originalité en ce temps-ci, la nouveauté et la beauté de son effort, l'accent de son œuvre, c'est d'avoir brusquement renoncé à cela, de s'être fermé à toutes les choses du dehors, et d'avoir cherché autre chose en lui-même : un art à la fois d'harmonie, de décor et d'expression ; un art d'évocation morale et de matière précieuse. Sa volonté se sera appliquée à cela avec une énergie extrême, une énergie à tendre tous ses ressorts et à les briser. L'art que Carriès a poursuivi à partir du moment où il rompit avec les influences d'atelier et d'école, si peu qu'elles aient pu s'exercer sur une nature aussi subjective et aussi sauvage, cet art a un double caractère qui va nous permettre de déterminer dès maintenant, à grands traits, son inspiration et son influence future.

Si on l'examine quant au style et à la conception même, on voit, on sent tout d'abord que ce n'est pas un art de copie et de réalité, mais un art d'interprétation et de souvenir, même jusqu'en les portraits. Il émane d'une pensée intérieure très forte, et non pas d'une sensation extérieure et superficielle. Cette pensée est d'une absolue unité, malgré ses contrastes et ses nuances diverses : c'est Carriès lui-même qui passe dans chacune de ses œuvres, avec

Une des Épaves.

ses tristesses et ses gaietés, ses grâces lumineuses et ses fatalités sombres, ses souvenirs de beauté et ses souvenirs de mort; avec la fierté et la distinction même de tous ceux qui l'ont aimé, ont été attirés vers lui dès l'enfance et dans la jeunesse, parce qu'il était lui-même une distinction et une fierté naturelles. Enfin, c'est un désir de force et de joie, constamment en lutte avec des mémoires et des avertissements de mort. Non seulement Carriès vit passionnément chacune de ses œuvres, mais il souffre de chacune d'elles et s'en émeut

jusqu'à l'accablement et à l'effroi. Cette unité s'affirmera aussi bien dans les
œuvres douloureuses comme le *Charles I*^{er} que dans les œuvres vermeilles
comme le *Frans Hals,* ou comme dans les grimaces des masques et le fantastique des monstres qui seront, plus tard, comme le strident accompagnement
des plus nobles et des plus mélancoliques beautés, une sorte de « course à
l'abîme ». Mais nous n'en sommes pas encore à ces analyses, et nous ne
pouvons que montrer Carriès commençant à être en pleine possession de lui-
même quant à son style. Pour exprimer cela, il se fait un langage qui s'appuie
sur la nature quand il faut construire, mais s'en éloigne immédiatement quand
il faut réaliser et terminer. C'est pour cela que, même un portrait, il ne le termine jamais d'après le modèle lui-même ; il vient un moment où le modèle le
trouble, le déroute, l'exaspère ; il achèvera sans le modèle et en donnera sa
personnelle interprétation, de façon à faire toujours une œuvre d'art et jamais
un portrait proprement dit. Peu à peu le morceau qu'il exécute, et qu'il aura
souvent recommencé de fond en comble en se remettant au travail, il l'éloigne
de la nature pour le ramener à sa propre nature. Ainsi le style de Carriès,
commençant par le pittoresque, mais s'élevant continuellement vers la simplicité, arrive à ne plus rien rappeler de ce qui se fait de son temps, dans son
ardente recherche d'un style intérieur.

Si nous considérons maintenant l'exécution, Carriès est naturellement
amené à ressentir une aversion pour la matière courante, comme il l'avait ressentie pour la pensée courante. Il a vu autour de lui, dans les ateliers de
l'École, aux Salons, dans les rues, des morceaux hâtifs et d'une facture bru-
tale prise pour l'énergie ; il recherchera naturellement pour lui-même un travail
poussé aussi loin que possible dans le sens de la finesse, de la sensibilité de
l'épiderme. Il a horreur de tout ce qui est « travail sale ». Son instinct le
conduira à vouloir la largeur de l'ensemble avec la perfection du détail. De là
ce « précieux de l'enveloppe, la délicatesse du rendu » que Monsieur
Robert de Montesquiou a fait ressortir en termes sagaces, et qui feront d'une
tête de vieux mendiant, ou de douloureux aveugle semblant échappé d'un vers
de Baudelaire, un morceau raffiné.

Ce n'est pas tout. Carriès a encore été choqué de la banalité, de l'unifor-
mité et de la pauvreté d'aspect des matières employées : du bronze dont se
contentent les artistes et le public, chaudron quand il est à l'exposition, d'un

noir de suie au bout de deux ans de place publique ; des marbres qui sont
uniformément micacés comme un bloc de sucre, ou glycérineux comme un
bloc de savon ; des plâtres d'une grande crudité quand ils sont neufs et
d'une grande saleté quand ils sont vieux. C'est pour cela qu'en attendant d'avoir
entrevu les richesses exquises des fontes à la cire et trouvé les ressources
nécessaires pour les appliquer à son œuvre en les enrichissant encore, en
attendant que les arts du feu l'aient logiquement conquis à leur tour, il cher-
chera, pour ses envois d'inconnu au Salon, pour ses pauvres plâtres de la rue
de la Huchette et de l'impasse d'Odessa, des patines qui en épousent le fini
et leur donnent un aspect plus voluptueux.

Enfin, il a été également rebuté de la sèche présentation des œuvres, des
morceaux apportés tels quels à l'exposition, tant leur auteur a été content
et comme étonné de savoir quelque chose ; l'aversion pour la chose *vraie,*
pour les revers de paletots qui forment la seule parure des bustes, pour les
statues servies toutes crues, l'amène à se jouer, avec bonheur, avec joie, dans
de grandes fantaisies de décor, beaux plis largement étalés, plates d'armures
et collerettes, coiffes aux grandes ailes, feutres hautains, guimpes mélancoliques, accompagnement de ses figures de martyre, de noblesse ou de fragile
beauté.

Voilà ce qui, vers 1880, apparut à l'artiste de vingt-cinq ans, et voilà
pourquoi il est beau à lui d'avoir tourné le dos à tout le reste pour une telle
entreprise. Évidemment, à cette époque, tout cela était encore informulé,
instinctif et confus, dans cette jeune et ardente tête, dans ce cœur habitué
à souffrir et prompt à s'émouvoir, dans ce corps frêle et averti par tant de
fatalités familiales.

Mais ces choses lui apparaissaient et firent nettement alors la confiance,
le côté lumineux et exalté de sa vie. Et, avant d'aller plus loin, nous avons
voulu les étaler sur le chemin que nous allons parcourir avec lui, et les recon-
stituer d'ensemble devant ses yeux de jadis, comme un programme de fête,
comme une joie !

IX

Un des Désespérés.
Plâtre patiné.

Ce qui donne créance à cette interprétation du Carriès de la vingt-cinquième année, c'est que ce fut en effet une des périodes les plus expansives, les plus entraînantes et les plus « camarades » de sa vie.

Il habitait maintenant rue d'Odessa, impasse d'Odessa, dans son pauvre petit atelier, précédé d'un bien pauvre petit jardin, mais dont il était ravi, disant qu'il était comme à la campagne. Avec quelques amis, il se rencontrait à une modeste pension du boulevard Montparnasse, chez la mère Cottenet ; là venaient Jean Limet, Arnault, Brouillet, les deux Binet, d'autres encore. Carriès était une gaieté de ces repas.

Souvent aussi, on le vit au restaurant Laveur, où de jeunes artistes, de jeunes hommes de science se réunissaient. Parmi eux particulièrement sera cité le docteur Louis Jullien, qui plus d'une fois s'ingénia pour rendre service à Carriès dont la misère, en ces temps, fut réelle. Jullien organisait des loteries pour l'artiste, lui procurait çà et là un portrait. La salle du restaurant où se tenaient ces réunions était surnommée le Cabinet Baudin ou « le Baudin » tout court, en l'honneur du représentant du peuple, alors l'idéal de ces têtes jeunes et passionnées. Un jour, en 1879, Carriès, en quelques heures. inventait un buste de Baudin, fantaisiste sans doute, mais d'un caractère dramatique.

Le 2 décembre, l'inauguration de ce buste fut matière à toute une cérémonie en règle. « Le Baudin » fut en fête. On y prononça des discours; on y lut des vers, voire des vers latins; un des plus intrépides poètes, orateurs, porteurs de toasts, fut un certain Baculard, beaucoup plus connu aujourd'hui sous son vrai nom, le critique et auteur dramatique Jean Jullien, frère de l'excellent docteur. Baculard prédit en vers à Carriès que son nom « serait grand demain ».

Dans l'atelier de la rue d'Odessa étaient alors en train la *Tête de Charles Ier*, l'*Aveugle*, le *Déshérité*, d'autres têtes, barbues, moustachues, calottées, douées de feutres bossués et d'aigrettes crânes. Carriès n'ouvrait point sa porte. Il travaillait tout le jour. Le soir, il allait à dix heures chercher, à la bibliothèque Sainte-Geneviève, son ami Auguste Arnault. Des économies extrêmement patientes et savamment calculées leur permettaient de prendre un grog dans un café des environs, et, de là, on se rendait impasse d'Odessa, pour voir le *Charles Ier* aux lumières. Carriès y travaillait encore, se penchant, se baissant, se relevant, l'examinant sous tous les aspects, dans tous les éclairages, jusqu'à deux heures du matin.

Au Salon de 1881 étaient exposés : sous le nom de Michel Carriès, l'*Aveugle*, le *Déshérité* ; sous le nom de Joseph Carriès, *Portrait de Charles Ier* et *Tête d'homme*. L'effet était très grand et très imprévu; les discussions étaient vives autour de ces œuvres, qui valaient une mention à chacun des frères, c'est-à-dire, en réalité, deux mentions à Joseph Carriès. Certains artistes ne comprenant rien à cet art, et déroutés par cette facture dont nous avons suffisamment expliqué les dessous, prononçaient méchamment et à la légère le mot de moulages sur nature. Le style leur échappait: rien que cela ! D'autres, au contraire, comme Falguière, Mercié, Idrac (ceux-ci lui ont acheté plus tard des plâtres), Carolus Duran, Jules Breton. manifestaient hautement leur intérêt et leur sympathie.

En résumé, cela se traduisait par un vif succès. Le docteur Jullien envoya à la Mère Callamand les extraits des journaux les plus élogieux, et ce fut à la digne Supérieure, avant sa mort, qui eut lieu l'année suivante, une grande joie qui éclate dans ces deux fragments de lettres :

Le vieux Comédien, dit aussi « le Notaire ».

« Grâce à vous, monsieur, j'ignorerais encore (l'excellente Sœur, qui écrit bonnement et avec élan, veut dire : sans vous) le succès de mon protégé. Car il doit être *en pleine lune,* lui qui vit avec elle depuis tant d'années... »

Dans un autre billet : « Monsieur, je ne sais plus comment vous remercier de toutes vos attentions à me faire plaisir au sujet de mon cher Carriès ; si vous saviez comme je respire à l'aise par la pensée que ce cher enfant est tiré de la misère si grande dans laquelle il a vécu si longtemps !

« J'ai reçu les deux journaux et ai lu avec plaisir les deux articles le concernant. Pauvre Joseph! Hier cinq ans que sa chère sœur s'envolait au ciel; elle lui avait promis qu'elle le protégerait du haut du ciel, pourvu qu'il restât toujours digne. Joseph m'a écrit une bonne petite lettre, mais bien affectueuse. Je suis toujours sa bonne petite mère (me dit-il), et il est tout heureux de m'annoncer cette nouvelle. » N'est-ce pas tout un caractère qui vit dans ces quelques lignes?

Après le Salon, Jules Breton priait Carriès de lui faire son buste, et l'on commençait aussitôt. Sans entrer dans le détail des irritations et des froissements qu'engendra un travail où l'artiste s'acharnait sans réussir tout d'abord à son gré, menus faits dont le souvenir aura depuis bien longtemps disparu alors que l'œuvre précieuse vivra encore, sans non plus examiner la question de ressemblance littérale qui devient tout à fait secondaire dans une œuvre de haute fantaisie, d'exécution et de matière précieuses, d'interprétation et non de photographie, une note intéressante est à relever dans l'élaboration de ce buste.

Pendant l'été de 1881, de longues semaines lui furent consacrées sans que le sculpteur ni le modèle fussent satisfaits. On laissa le résultat tel quel et l'on se sépara vers l'automne. Le premier état du *Jules Breton* était un portrait à longs cheveux, sans coiffure. Au printemps suivant, sans modèle, en revenant d'un voyage, Carriès refit tout un buste et tout un autre arrangement, avec blouse et grand chapeau, et qui fut définitivement coulé en bronze et revêtu d'une des plus précieuses et des premières patines. Ce besoin de recommencer une œuvre dans la solitude et en dehors de la nature trop présente a été déjà analysé et sera constaté encore. En lui-même, le *Jules Breton* est un morceau admirable, ce qui est suffisant.

JULES BRETON

D'après le plâtre original.

X

Le voyage que fit Carriès dans l'intervalle des deux étapes du *Jules Breton*
fut à Vaudrevange (près de Sarrelouis, *Wallerfangen* en allemand), dans la
famille de Monsieur de Galhau.

Madame Onofrio, dame patronnesse de l'orphelinat Denuzière, et dont nous
avons déjà vu le nom comme celui d'une des protectrices que la Mère Callamand avait si instamment quêtées pour son enfant, n'avait jamais complétement
perdu de vue celui qui lui avait été recommandé. Après le succès du Salon de
1881, elle retrouva Carriès, et afin de lui procurer des travaux, mais en même
temps pour lui permettre de prendre du repos et de se refaire après les
rudes efforts et les émotions ruineuses, elle le fit inviter à venir passer
quelque temps chez son gendre et sa fille Monsieur et Madame Villeroy.

Monsieur de Galhau, chef et comme patriarche de cette famille, était, comme
son neveu Monsieur Villeroy, de naissance française, leurs ascendants ayant
été, en 1815, après l'annexion, laissés libres d'opter.

En 1848, Monsieur de Galhau s'était décidé à opter pour l'Allemagne,
dans l'intérêt même du pays qu'il représentait au Parlement allemand.

Mais, dans la famille, les habitudes d'esprit et le langage français les plus
purs étaient jalousement conservés. Les manières y étaient d'une grande
distinction, avec une nuance de sévérité, et l'on n'attachait pas moins de prix,
d'importance toute spéciale, une sorte de coquetterie austère, à la correction
absolue du parler qu'à celle de la tenue et des façons.

Milieu excellent pourtant, et plein de bienveillance dans sa retenue imposée. Carriès, lui, ne sentit que cette bienveillance et cette sympathie, et se mit tout de suite à son aise, ne prenant, d'autre part, aucun souci de la

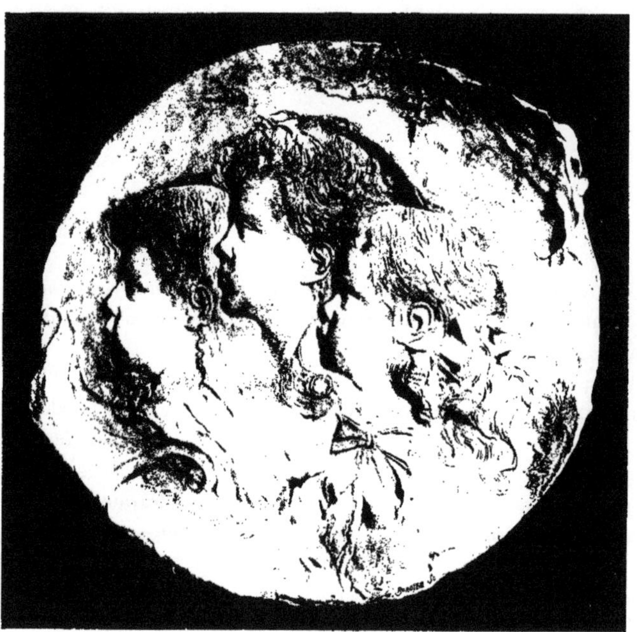

Mesdemoiselles Favier, petites-filles de Monsieur Villeroy.

syntaxe du langage ni de celle des usages, déconcertant les gens, et les séduisant quoi qu'ils en aient.

Wallerfangen est un lieu de fabrication céramique, de même que Mettlach, un petit pays situé sur la Sarre, et où les de Galhau et les Villeroy possédaient une autre fabrique de faïences et de grès cérames, installée dans une ancienne et magnifique abbaye. Carriès ne ressentit là aucun désir de profiter de cette occasion pour s'adonner si peu que ce fût à l'art de terre. Le moment n'était pas venu, et d'ailleurs cette fabrication purement industrielle,

ces formules déterminées, l'éloignaient plutôt. Il est possible toutefois que son esprit essentiellement observateur ait emmagasiné, à son insu, quelques notions qui se seront utilisées plus tard et se seront assimilées d'elles-mêmes. Mais aucune indication valable ne peut être tirée de ce rapprochement, ni de ce séjour du futur grand potier dans un pays de céramique.

En revanche, Carriès, mis au vert, s'en donne à cœur-joie. Il produit dans ce monde sensé, et correct, et sérieux, l'effet d'un vrai diable. Un Carriès éblouissant de gaieté, d'abandon; un Carriès très capable, au dîner, de jeter à travers la conversation quelque paradoxe fou, dans une langue qui n'appartient qu'à lui, faite de familiarité et de tact audacieux, d'incorrections expressives et effarantes qui stupéfient les puristes de Wallerfangen, mais qui les amusent, et dont ils ont, réflexion faite, des scrupules de s'être amusés; un Carriès qui lance des boulettes de

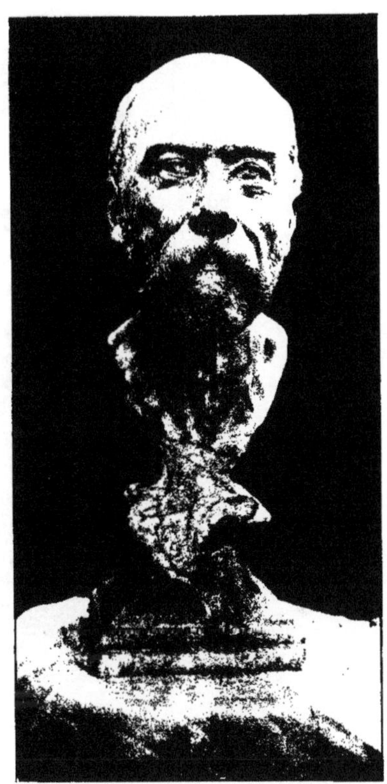

Buste de Monsieur de Galhau.

pain à ses contradicteurs ou à ses amis placés à l'autre bout de la table, et qui, après le repas, adresse aux jeunes filles des madrigaux hardis, câlins et fins, dont elles s'effrayent et dont elles sourient.

Il scandalise et il charme; on se fait, lorsqu'il n'est pas là, un reproche

d'avoir ri, et, lorsqu'il revient, on recommence à le goûter, à l'admirer bon gré
mal gré; et les sorties inattendues, les tirades folles, les néologismes qu'on
discutera gravement dans un coin du salon tandis qu'il pense déjà à bien

Buste de Monsieur Villeroy.

d'autres choses, recommencent de plus belle dans cette société de braves gens,
qu'il réussirait plutôt à endiabler qu'eux à l'édifier.

A cette époque il avait quelque chose d'exquis et de suave, avec une
pointe de bizarrerie qui charmait. « Il était comme de la plume, et la douceur
de ses traits un peu étranges, dit le peintre Cesbron, qui l'a connu alors et dans

cette famille, évoquait l'idée d'un être différent des autres et comme détaché
de la terre. Il était en réalité si chétif qu'on ressentait une pitié et qu'on avait
la crainte de le perdre; mais le charme dominait tout; l'entrain, la joie, l'originalité du caractère jetaient à l'instant des voiles éblouissants sur cette première impression triste. On ne pensait, on ne s'attachait qu'à l'harmonie rare
de son caractère et de son visage, et, sans pouvoir distinguer le dedans du
dehors, tout vous séduisait irrésistiblement. »

Carriès a travaillé, mais, semble-t-il, sans rien terminer, à Vaudrevange.
« Ici tout va bien, écrit-il au docteur Jullien; je démolis, rebâtis de grands
médaillons de quatre personnages dans des grandes [niches? assiettes?] d'un
mètre de haut, horriblement difficiles, car il faut que tout cela épouse l'as-
siette. » Il a sinon exécuté jusqu'au bout, du moins préparé les bustes de
Monsieur de Galhau et de Monsieur Villeroy, ainsi que le médaillon délicieux
de trois fillettes de profil, les trois enfants de Madame Favier, fille de Monsieur Villeroy, avec cette dédicace : « A mes petites amies de Vaudrevange ». »
Les deux bustes d'hommes furent saisissants de caractère et d'exécution.

Il y avait là une admirable et charmante grand'mère, qui défendait héroï-
quement Carriès dans les discussions philologiques qui s'engageaient secrètement à propos de ses mots audacieusement forgés. Lorsque l'on décidait à
l'unanimité que « cela ne se disait pas », c'était elle qui ajoutait : « Non, mais
cela fait si bien ! »

On aurait voulu le garder (garder Carriès !); on songeait vaguement à le
marier (marier Carriès !), et la bonne grand'mère disait encore : « Il faudrait
un ange à ce garçon-là, ou rien... Et l'ange... si nous pouvions le trouver !
hélas ! »

XI

Buste de jeune femme.

C'est sur cette période d'une dizaine d'années, qui s'étend d'environ 1878 ou 1880 à 1888, que se répartissent les plus importantes sculptures de Carriès, et l'on peut même dire presque toute son œuvre sculptée.

Après 1888, en effet, il se jeta dans le feu, et, étant données l'immensité et la magnificence des projets qu'il forma dès qu'il commença à marcher d'un pas ferme dans ses travaux de potier, ses plus belles sculptures céramiques n'ont été pour lui que d'admirables essais. Quant aux nouvelles figures qu'il entreprenait d'ajouter à son œuvre en dernier lieu, la mort ne nous permet d'en admirer que les désirs, mais pour nous faire regretter davantage les beautés insoupçonnées de la définitive exécution.

L'on ne s'étonnera pas de l'importance et de la perfection d'une œuvre accomplie dans cette période si courte de la vingt-cinquième à la trente-troisième année, si l'on considère que Carriès a toujours eu pour règle pas-

sionnée de ne pas perdre une minute. Même s'il n'avait pas eu la crainte et
le pressentiment de mourir jeune, il y avait en lui une ardeur d'action, une
fièvre de travail qui le prenaient, le poussaient comme par une volonté supérieure à la sienne propre, qui était si grande. De cette façon, il a en réalité
vécu plusieurs vies dans le même espace de temps qu'un artiste banal et pré-
occupé surtout du dehors n'en aurait même pas su vivre une.

Huit années de cloître, sans le souci des expositions annuelles où il cessa

Épave de théâtre, dit aussi « le Cabotin ».

bientôt de prendre part, ne pensant qu'à son œuvre, ne vivant que pour elle,
ne parlant que d'elle, à travers les autres choses ne voyant qu'elle; n'ouvrant
point son atelier, parce qu'il n'avait cure des louanges banales et se défiait
des malveillances intéressées, des curiosités démolisseuses; sortant, toutefois,
de temps en temps, allant voir les gens quand cela lui plaisait, mais les
quittant brusquement, si haut placés, si riches ou si exigeants qu'ils fussent,
dès qu'il s'ennuyait avec eux, ou dès qu'il entendait son œuvre le rappeler
impérieusement; très intéressé, très amusé par tous les bruits du dehors, très
au courant de tout, connaissant tous les hommes curieux, utiles ou ridicules,
et renseigné sur tout cela par les causeries avec les camarades, aux heures des

repas dans les pensions du quartier; mais oubliant tout dès qu'il avait refermé
sa porte sur lui, et se mettant pour ainsi dire à travailler à des siècles de distance de son propre temps; ayant, entre autres dons, celui de juger, d'apprécier
en un clin d'œil toute personne qui se présentait sur son chemin, et de se
créer en quelques instants de nouvelles relations ou de nouvelles amitiés;
sachant s'en servir rapidement, pleinement, au moment voulu, avec une fermeté,
une décision, mais en même temps une originalité et une bonne grâce telles
qu'il faisait les gens reconnaissants envers lui de l'avoir obligé; puis se renfer-
mant de nouveau, comme conclusion et comme sanction de tous ses actes,
dans son travail acharné, aimant, patient, raffiné.

Ces raisons expliquent pourquoi, avec une habileté exquise dans sa vie
et une application admirable dans sa besogne, il a pu en même temps travailler à son succès et faire toute son œuvre : des minutes avec les autres, des
heures avec lui-même, toutes merveilleusement employées et remplies.

LE GUERRIER

Bronze à cire perdue.

XII

Concentré, sauvage, ou soudain éclatant en gaietés folles et semant des mots d'une gracieuse férocité, Carriès a été à cette époque une surprise et une joie pour ceux qui le rencontrèrent. On acceptait tout de lui, et d'ailleurs il le fallait bien, car ça aurait été comme ça tout de même. Le Carriès aux grands manteaux, aux gros souliers à clous, aux chapeaux de feutre crànement rejetés et bossués, aux amples cache-nez, aux habits portés à la diable et notablement élimés, auxquels parfois succédèrent des tenues riches et élégantes, conseillés par des amis qui voulaient le pousser dans le monde, mais plus vite saccagées par le travail insouciant que payées au tailleur, ce Carriès-là est amusant et charmant au possible, au dire de ceux qui le connurent alors, parce qu'il était d'un naturel extrème, que rien de cela ne sentait l'insupportable pose du médiocre vaniteux et négligé exprès, enfin parce que cet abandon s'accompagnait et se relevait toujours de raffinement.

Quelques traits au hasard rendraient mal cette originalité nerveuse, cette sauvagerie souriante, car en ces occasions c'est l'accent, le geste, un rien qui donne à l'action son excuse et son prix, tandis que l'anecdote devient froide, et il est bon de s'en défier. Il en est pourtant qui le dépeignent et que je choisirai à mes risques plutôt qu'aux siens.

Après son retour de Vaudrevange, Carriès se remit au travail. Il avait de la besogne sur la planche : le *Jules Breton* à finir, ou plutôt à recommencer; les portraits de Messieurs de Galhau et Villeroy à pousser; les *Désolés*, dont la série était encore à compléter; le *Buste de Courbet* et le *Buste d'un évêque* dont l'idée devait déjà le hanter, s'ils n'étaient pas déjà ébauchés sur la selle, car il devait les exposer au Salon de 1883; et pour deux morceaux de ce style et de cette finesse (l'*Évêque* surtout), deux ans de travail au milieu des autres besognes, ce n'était pas de trop. Enfin, dans le cours de l'année 1882, il exécuta plusieurs portraits en bas-relief, notamment de personnages lyonnais,

Portrait d'un enfant.
Bas-relief plâtre.

Monsieur le docteur Diday, Monsieur Chauvet, Monsieur Bouveret, et divers portraits d'enfants, travaux qui lui permettaient de vivre et de donner encore plus de soins aux œuvres qui lui tenaient le plus à cœur.

Pour les sculptures dont la commande lui avait été donnée à Vaudrevange, Monsieur de Galhau lui avait accordé un crédit de temps et d'argent. Mais Carriès ne s'occupa point tout de suite de ces sculptures mêmes. Il se remit à ses *Épaves,* à des choses dont l'idée remontait à ses premières années de Paris, et à celles qui lui apparaissaient déjà dans un style plus large et plus fier, tel l'*Évêque.* Tout en travaillant avec passion à cela, l'idée de ses amis de Vau-

drevange le visitait fidèlement ; mais, par un détour curieux à noter et très
caractéristique, c'était en travaillant pour d'autres qu'il pensait à eux. Les

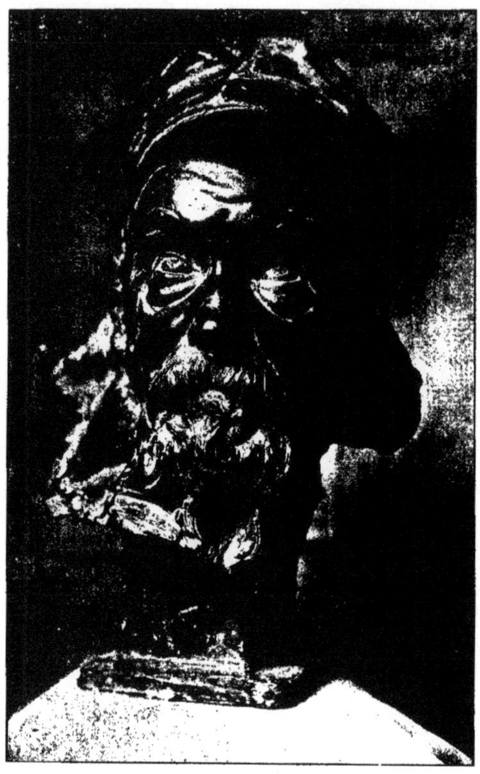

L'Homme à la casquette.

objets mêmes qu'il devait faire pour là-bas étaient momentanément ajournés, et
il ne voulait y revenir qu'indirectement et à son heure ; en attendant, il n'allait
pas plus loin et plus compliqué que ceci : « Ils m'aiment bien et ils seraient
heureux de savoir que je travaille bien en ce moment. »

8

Aussi lui arriva-t-il plus d'une fois, dans une de ces soudaines impulsions qu'il avait de revenir voir son travail le soir, et d'en éprouver l'effet, à onze heures, à minuit, sur un camarade rencontré, d'entraîner entre autres le dessinateur Slomm à son atelier, et de lui demander, en lui découvrant la suite des *Épures* et des autres figures dont il allait, en 1882, dans un cercle, le Cercle des Arts libéraux, faire une exposition d'ensemble : « Tu vois, cela marche ! Hein ! penses-tu que Galhau sera content ! » Et l'on se gardait de le contredire, sans grande conviction toutefois. Puis, lorsque venait l'exposition, il envoyait à Vaudrevange une collection des photographies de tout ce qu'il avait fait et exposé, et cette simple lettre écrite en travers de la feuille, d'une grande écriture zigzagante et triomphante :

« Voilà ce que j'ai fait depuis que je vous ai quittés ! Êtes-vous satisfaits de moi ? »

Mais de nouvelles des œuvres commandées, point. La réponse de Monsieur de Galhau venait affectueuse, courtoise, de bon conseil, un peu froide pourtant, et muette sur les progrès accomplis, ce qui mettait Carriès en fureur et le faisait répéter, tout pâle de colère : « Crois-tu ! il ne me parle pas seulement de mes bustes ! »

Plus tard, d'ailleurs, il envoyait les sculptures attendues, lorsqu'il en était parfaitement satisfait et qu'il avait trouvé, comme on le verra plus loin, l'exécution et la matière définitives qu'il rêvait et caressait pour elles, et il en était libéralement rétribué : c'étaient les deux bustes dont le modèle en plâtre est ici reproduit, puis l'*Évêque* et le médaillon des trois jeunes filles.

D'autres traits sont simplement amusants. Carriès recevant un jour de quelque personnage de marque des billets pour une soirée de gala au Cercle des Pommes de terre, et s'y rendant, sans hésitation, en veston, cravate flottante, macfarlane et chapeau de feutre, tenue qu'il juge la plus seyante à son allure dégagée, à sa face pâle et fine, ombragée de grandes boucles de cheveux et flochée de légère barbe blonde. Le domestique en grande livrée l'arrêtant, et soudain remis à sa place par un grand geste à la Mirabeau. Explication non moins noble et aisée avec un des commissaires de la fête, qui finalement insinue qu'on pourrait, séance tenante, mettre à sa disposition un habit, et Carriès, après avoir subi, par amusement et curiosité, l'absolue nouveauté de ce costume, s'enfuyant après avoir déposé pour jamais « la queue de morue », enfin plusieurs jours après racontant à ses amis la scène, la mimant bouffonnement : « Je me regarde dans une glace ! Ils m'avaient déguisé, mon cher ! mais déguisé affreux ! Je pose ça, je remets mon manteau et je les remercie. Mais comprends-tu ça? Ils m'avaient déguisé, déguisé, déguisé !... » répété vingt fois avec de grands éclats de rire et le ravissement fou d'un enfant qui a été témoin de quelque grande et exceptionnelle farce.

Une autre fugue, plus audacieuse, mais tout aussi nature, eut lieu à l'occasion d'un portrait. Carriès avait alors exécuté le buste de *Jeune garçon,* un des plus beaux de son œuvre et de la plus grande allure en même temps que d'une exécution parfaite. Il fut prié d'aller à San Remo pour entreprendre un nouveau portrait, celui de la mère de ce jeune homme, qui fut charmante pour lui, envers qui il conservait beaucoup de sympathie, mais qui le plongea, involontairement et à l'improviste, dans un milieu très mondain, où il ne rencontrait point d'écho pour les choses qui le passionnaient, et trop d'attention à celles de l'étiquette, pour lui plus qu'indifférentes.

Certain gilet breton à la bande de velours un peu plus que fanée et certain chapeau de feutre, qui ne le quittait guère, car il le trouvait sans doute assoupli, intime, de bel effet, et « patiné » à son idée, avaient le don de troubler les conversations et d'inquiéter l'élégante station. Une conspiration eut lieu pour remplacer secrètement ce velours taché par un frais, et ce vieux chapeau par un neuf, autant que possible de même modèle. Mais lorsque Carriès trouva l'intrus dans sa chambre et l'ami évincé, il entra dans une violente colère et n'eut de cesse que les domestiques lui eussent rapporté son vrai chapeau. Puis, il partit le soir même. Le dernier train était passé ; il se fit conduire en voiture jusqu'à Nice et rentra à Paris.

« Mon cher, tu comprends, il fallait à tout moment s'habiller, se déshabiller. Quand on allait dîner, on s'arrêtait une heure devant une porte. Mais passez donc ! Mais passez donc ! Mais après vous ! (Carriès fait un grand geste, arrondissant le bras.) On jouait au billard, mon cher ! »

COURBET

Plâtre.

XIII

Carriès parfait, à son aise, heureux, vraiment beau et édifiant, c'est à
l'atelier, au milieu de ses têtes, de ses bibelots, de ses tonneaux sur lesquels
reposent des ébauches, ou dans lesquels macèrent des drogues, des liquides,
des fruits aigris ou toxiques, jetés à l'aventure pour obtenir le hasardeux
mystère des patines.

Par exemple, dans cet atelier de la rue Boissonnade, qui succéda à celui
de l'impasse d'Odessa et dont nous avons une excellente peinture par
Mademoiselle Louise Breslau, son ancienne et chère camarade, puis une
pittoresque photographie qui a été dédicacée à quelques amis, Grasset, Limet,
Lobre, Leenhardt, etc.

Là, Carriès est maître absolu et jaloux ; il brave le monde et nargue la
misère. Comment ! il y donnera même des soirées, avec du thé qu'il fera lui-
même, et pour décoration de la salle des guirlandes d'oignons.

« Faites-moi, a-t-il dit à Breslau, appuyé sur mon tonneau... Comme un
certain Jean Bart ! »

Son vêtement est tout usé ; il a jeté dessus, plus par habitude que par soin,
un vieux tricot tout maculé d'argile, de taches de couleur, tout rongé d'acides,
mais il a une fleur à la boutonnière. Il a toujours eu ainsi besoin d'avoir avec lui,
près de lui, dans un coin, dans une poche, dans un tiroir, quelque chose
de fin et de précieux. Ici, c'est le petit piquet de fleurs épinglé au revers
du veston ; un autre jour, ce sera un netsuké saisissant, un petit bronze japonais

qu'on lui a donné ou qu'il a acheté, mais qu'il « avait envie de voler », qu'il caressera en se promenant, et qu'il montrera, en riant, à ses amis ; ou ce sera un fruit superbe qu'il aura acheté en passant, dans une voiture des quatre-saisons, dénichant d'un coup d'œil le plus beau, celui qui ressemble le plus

Le Chinois Koho-Joui-Koui.
Bas-relief, cire.

à un objet d'art, et qu'il a rapporté bien vite, non pour son repas, mais pour la joie de ses yeux et pour s'exciter à bien travailler, à faire précieux et éclatant.

Et quand il travaille, c'est une douloureuse joie ; il est heureux, mais ce bonheur l'épuise et le mine. Tous ses nerfs sont tendus et à vif, et tout son être passe alors dans sa main. Cette main est admirable, elle est douée ; comme

dans les contes, elle est fée. C'est un outil exceptionnel et qui fait que Carriès
se passe d'autres outils. Il ne peut même pas se servir des instruments
habituels du sculpteur : il n'a jamais possédé et employé qu'une sorte d'ébau-
choir rudimentaire, une petite tige de fer un peu courbée, dont il ne pouvait
se passer, par habitude ou par inconscient fétichisme, mais dont il ne faisait

Un Désespéré.
Buste en plâtre.

qu'un usage intermittent, obtenant presque tout avec sa longue et souple
main d'exceptionnel virtuose.

Ceux qui l'ont vu travailler en ont été émus et ravis, et leur témoignage
conserve et communique cette émotion dans les termes les plus heureux : « Sa
manière de modeler était curieuse et attachante, écrit Leenhardt, — presque
pas d'ébauchoirs : les doigts. La main ouverte sur la partie à faire, comme un
phrénologue qui palperait. Il l'auscultait, pour ainsi dire, un moment, et le pouce
partait, passait, repassait, glissait avec fluidité ; et même souvent, quand

c'était fait, y revenait imbibé de terre plus fraîche, comme pour y déposer cette fleur de peau. C'était une caresse perpétuelle ; mais on demeurait surpris de voir combien, sous ces allures douces, ce pouce était énergique pour, toujours avec douceur dans sa marche ininterrompue, accentuer, de-ci de-là, quelque fermeté. »

« Son geste, dit Cesbron, était admirable. C'était comme une harmonie visible. J'éprouvais en le voyant travailler la même impression que l'on ressent lorsqu'on entend une musique et que l'on en croit voir le dessin. J'aurais voulu le voir travailler toujours. »

Pézieux dit : « Sa main était un archet. » Et il rapporte que Carriès avait toujours une grande émotion en travaillant ; et il pense que cette émotion terrible, qui l'étreignait visiblement, a été une des causes, entre bien d'autres, des épreuves par où a passé sa santé fragile.

L'émotion, d'ailleurs, était la même lorsque, dans les moments de repos, il lui arrivait soudain de penser à son travail. Combien de fois nous l'avons vu saisi tout à coup par cette intérieure contraction des nerfs et du cœur, devenant plus pâle, ses yeux se fixant comme sur un point sombre, sa gaieté s'arrêtant ; il tombait dans un de ses grands silences, ou partait brusquement, ou, si c'était dans une promenade, se mettait à marcher en avant, seul, faisant de la main basse un signe qu'il ne pouvait et ne voulait plus parler.

Ainsi pensait-il et œuvrait-il, avec un bonheur rivé à la souffrance.

L'ÉVÊQUE

Grès.

XIV

Un buste est sur la sellette, je suppose, par exemple, le *Faune* ou la *Loyse Labé,* c'est-à-dire une œuvre de décor, d'expression et de fantaisie. Nous prendrons ensuite un portrait, comme le *Vacquerie* ou le *Gambetta.*

Cette œuvre d'imagination a été rêvée, couvée longuement, écho de lointains souvenirs, de profondes impressions retrouvées, reprises avec joie; mais elle est, aussitôt après le premier moment de verve, patiemment établie, et travaillée avec une minutieuse angoisse. Elle conserve le jaillissement de l'apparition, mais son exécution, pour arriver à cet état de finesse, sera le fruit d'une très longue série d'opérations rapides et ardentes. Carriès travaille vite, seulement il revient cent fois sur ce travail; il veut lui conserver toujours son aspect de bravoure, mais lui assurer son aspect de force et de durée. Il y met également une telle fièvre, un tel accent de sa personne, de sa propre vie, des êtres et des pensers qui l'ont frappé dans son enfance et dans sa jeunesse, que le regard de presque toutes ses figures, même par nuance dans celles qui sourient, conserve quelque chose de triste, d'effrayé et de lointain.

Son travail est pressé et patient, attentif et inquiet. Il attaque l'œuvre de tous les côtés à la fois; il fouille, il cherche, gratte, polit, creuse avec son petit outil de fer, caresse avec sa main, se met en rage après les détails qu'il multiplie et relie subtilement, ramenant toujours ces détails à l'ensemble par l'ample caresse des longs et agiles doigts, de façon que la terre a déjà un aspect précieux.

Quand il a obtenu à peu près ce qu'il voulait, il prend le pinceau, le trempe dans l'eau et commence à laver sa sculpture, ce qui lui donne cette finesse étrange, cet épiderme brillant et délicat.

« La plupart des sculptures modernes, avait-il coutume de dire en parlant

La Tête de Faune.
D'après un grès.

d'œuvres très et trop célèbres, c'est de la pierre, c'est dur, il n'y a pas de peau là-dessus, je ne puis jamais voir la peau ! »

Après ce premier lavage, prestement exécuté et indiquant déjà cette souplesse de peau qu'il cherchait, il laisse un peu prendre, regarde d'ensemble, puis recommence à coups de pouce, à coups de grattoir, et répète maintes fois ces opérations jusqu'à ce qu'il soit satisfait. Toutefois, ce serait mal comprendre que de croire qu'il s'énerve sur une œuvre, et qu'il y perde inutilement ses forces, de façon, comme s'en plaignent tant d'artistes, à arriver au moment « où on ne voit plus ce qu'on fait ».

Carriès, au contraire, grâce à cette justesse de coup d'œil, à cette rare faculté d'appréciation, à cette observation rapide qui lui faisait juger si nettement une œuvre ou un homme, et qui est une des grandes qualités de l'artiste, avait l'art de s'arrêter à temps. Il s'arrêtait toujours au plaisir. C'est ce choix de la minute, de la seconde décisive, qui fait que presque jamais une œuvre de lui n'est fatiguée. Elle conserve cet aspect de finesse et de fraîcheur, de tenue et d'abandon qui lui donne un très grand prix. Un beau Carriès est blond, avec quelque chose de robuste, mais c'est une œuvre blonde, à côté de tant d'œuvres modernes brutalement contrastées en blanc et noir.

Et cette œuvre, produit d'un perpétuel plaisir de toucher, conserve pour le toucher un plaisir. Lorsqu'elle avait été moulée et que le plâtre en avait été patiné, l'artiste éprouvait une réelle volupté à repasser la main dessus, et sur tout spectateur affiné elle produit cette irrésistible attraction. Il aimait à répéter même que « ses yeux étaient le prolongement de son toucher, qu'ils touchaient à distance ».

Lorsque Carriès travaillait la cire au lieu de la terre, il lavait de même sa sculpture, avec de l'essence cette fois, au lieu d'eau ou de barbotine; et comme la cire a elle-même, malgré sa fragilité alarmante, une remarquable qualité de définitif, une de ses cires peut être considérée comme un objet absolument rare et précieux. Je n'hésite pas à livrer ce « secret », car il n'y a pas de secrets proprement dits en art. Combien de sculpteurs connaissent et emploient ce moyen du lavage, et l'emploieront encore après qu'il leur aura été signalé, sans faire autre chose que d'une dureté persistante ou d'un insupportable affadissement!

Les procédés ne valent que ce que vaut celui qui les emploie, et le véritable secret, celui qui ne peut se découvrir, se livrer ni se transmettre après toutes les explications du monde, c'est le *tour de main*. Or, à quelque besogne que Carriès se soit appliqué, il y a apporté le don, la sorcellerie d'un tour de main prestigieux.

X V

L'œuvre sortie des mains du sculpteur ne lui appartient plus d'ordinaire. Elle passe de ses mains en celles du mouleur, puis du praticien ou du fondeur, et de là dans une exposition ou sur une place. Il ne s'y intéresse plus que pour recueillir les éloges ou le profit. L'enfant qu'il a fait, il le confie aux autres pour le déformer. C'est pour cela qu'à tout œil habitué aux perceptions délicates de l'art des ouvriers anciens ou des pays raffinés, tant d'œuvres modernes, même d'un certain mérite, ne sont que d'intéressants points de départ avec de grossiers aboutissements. Ces œuvres puent l'indifférence, et leurs auteurs n'ont pas compris que rien ne vaut, en art, sans la perfection du métier.

Avec Carriès, il n'en alla jamais ainsi. Dès la première heure, il rêva et trouva des matières appropriées, définitives, dont l'harmonie et la délicatesse devaient accentuer la délicatesse et l'harmonie de son talent, en vue de donner à ses œuvres un prix infini et d'assurer sa joie et leur durée. Ainsi fut-il amené à l'étude des patines du plâtre, puis à la recherche de bronzes à cire perdue, et enfin à la patine de ces bronzes, en attendant l'émail et l'œuvre de feu, — qui n'étaient pas encore les dernières étapes entrevues.

Pour les plâtres, les premières patines furent incertaines. Un ton jaunâtre de vieil ivoire ou de vieux buis fut tout d'abord obtenu pour les bustes exposés notamment au Cercle des Arts libéraux; mais ces tons corrigeaient toujours la crudité du plâtre et le lisse mat de ces patines invitait déjà au palper. Plus tard, Carriès trouva toute une gamme de patines pour ses plâtres : ce furent des tons de cosse de châtaigne, avec des passages vert-de-grisés qui recouvraient ou qui transparaissaient; des tons de vieux fers rouillés, aussi, pour des bustes comme celui du *Guerrier;* des tons de bois précieux à peine tachetés et mouchetés de brunâtre sur un fond plus clair, avec de presque insaisissables carmins, qui de-çà et de-là, aux joues, aux lèvres, évoquaient l'idée d'une carnation encore vivante et persistante sous un lignifiement. Enfin pour tels bustes de femmes et d'enfants, la *Loyse Labé,* les *Bébés,* éveillés ou endormis, la blancheur était conservée et comme lactifiée dans toute une gamme claire, où se soupçonnaient des reflets de violette et de rose. Sur le tout était jeté un poli à peine brillant et comme satiné plutôt.

Pour arriver à cela, les plâtres étaient soumis à des traitements fort divers, avec une base constante. Ils étaient d'abord uniformément imprégnés d'huiles et séchés à un point déterminé. Puis les uns subissaient des applications d'oxydes, les autres des rehauts de peinture à l'huile, ou même d'aquarelle, et pour certains, encore plus complexes et triomphants, les oxydes et la peinture étaient appelés simultanément à l'aide pour d'indéfinissables amalgames.

Alors se donnaient une fois de plus carrière le goût, le tour de main, la justesse du coup d'œil et le sens du fini que Carriès possédait en propre. Plus d'un exemplaire de mêmes figures en plâtre a été ainsi enrichi par les mains de l'artiste, et, malgré cette pluralité, ils peuvent être considérés comme autant d'objets rares et de prix, car pas un ne se ressemble exactement, et tous gardent le contact et la fleur; aussi ont-ils atteint des chiffres, dans les ventes et chez les collectionneurs, auxquels le plâtre n'était jamais monté.

Mais ces plâtres ne sont plus eux-mêmes que les souvenirs fidèles, parfaits, les frères d'essais de l'objet définitif et unique, le bronze à cire perdue, et ce fut la matière qui passionna Carriès, l'année 1883 où il rencontra le fondeur P. Bingen qui allait devenir son ami, et, comme il disait, « son complice ».

Le Bronze était le naturel acheminement, mais, comme nous l'avons dit, Carriès eût eu horreur d'une fonte vulgaire pour des œuvres raffinées; il ne se fût pas habitué surtout au bronze qui alourdit, empâte et raidit la sculpture, en supprime toutes les finesses, par de brutaux rajustements, des limages sans nulle précaution, des réparures qui sont des ecchymoses, et, en un mot, une interprétation industrielle qui est une calomnie. La délicate sculpture de

Carriès en serait morte inévitablement. Il fallait donc une tout autre fonte
pour ces choses fines et complexes, une fonte capable d'épouser et de garder
scrupuleusement leur fermeté de lignes et leur subtilité de détails. Et c'était,
seule, la fonte à cire perdue qui permet de couler le plus vaste et le plus com-

Une Épave.

Œuvre disparue, d'après une ancienne photographie,
avec l'esquisse d'un groupe détruit : le *Faune aux Enfants.*

pliqué morceau d'un seul jet en éternisant tout son duvet, en laissant, à la
surface de l'épiderme le menu réseau d'une empreinte de pouce, et pour ainsi
dire en conservant la trace du souffle même du créateur.

Après l'exposition au Cercle des Arts libéraux, il y eut une ou deux fontes
au sable, de qualité et de réussite douteuses, qui dégoûtèrent à jamais Carriès
de ce procédé. Il peut sans doute pour d'autres choses produire de suffisants

résultats, et ceci n'est pas son procès ni sa condamnation, mais *pour Carriès* il ne pouvait être utilisé ni défendu.

Bingen, ouvrier très passionné, recherchait alors les meilleurs moyens de faire de bonnes cires perdues; l'on savait, dans certains ateliers de sculpteurs, qu'il était habile fondeur et que ses premières tentatives avaient réussi. Ces indications avaient travaillé dans la tête de Carriès. De son côté, Bingen avait entendu parler de Carriès un peu comme d'un personnage légendaire. Mais ils ne connaissaient rien l'un de l'autre, et ils n'avaient qu'une chose de commune, lien qui existe entre bien des hommes : une grande pauvreté. Pourtant, je me trompe, ils avaient tous deux cette frénésie de bien faire qui est la consolation et le désespoir des grands artisans.

Le 18 octobre 1883, aussitôt qu'il a déniché l'adresse de Bingen, Carriès court chez lui :

— C'est vous qui faites la cire perdue?

— C'est moi. En quoi ça vous intéresse-t-il? » Carriès, ce jour-là, est particulièrement râpé de mise et d'une mine terriblement insoucieuse des coquetteries : or la pauvreté inspire à la pauvreté la défiance et non la sympathie, et l'ouvrier fondeur toise son visiteur avec plus que de la réserve. « Je m'appelle Carriès. Voulez-vous travailler avec moi? » Bingen regarde cette tête, et, comme tous ceux qui ont aimé Carriès, il est pris tout de suite, sans savoir pourquoi.

« C'est entendu! — Quand viendrez-vous voir mes choses? — Maintenant. — C'est très loin. — Nous allons prendre l'omnibus. » Il faut attendre deux ou trois voitures. Cela leur paraît trop long. Il fait un temps atroce; pas de fiacre. « Nous irons à pied, dit Bingen. — Il y a tout Paris à traverser. — Ça ne fait rien. » Ils font tout le trajet de la rue du Rocher à la rue Boissonnade sans s'en apercevoir.

Dans l'atelier, il y a des *Épaves*, l'*Évêque*, les portraits de Monsieur de Galhau et de Monsieur Villeroy. « Voulez-vous me fondre ceci? demande Carriès en désignant une pièce. — Je veux vous fondre tout, répond Bingen, désignant l'*Évêque*, les « deux barons », et d'autres encore. — Je n'ai pas d'argent dans ce moment-ci, vous savez ? — Ni moi non plus; mais fondons d'abord. Nous nous expliquerons après. »

Entre ces deux enthousiastes s'établit une lutte pour faire beau, lutte dans

LE MENDIANT RUSSE, dit aussi LE DÉSHÉRITÉ

Bronze à cire perdue.

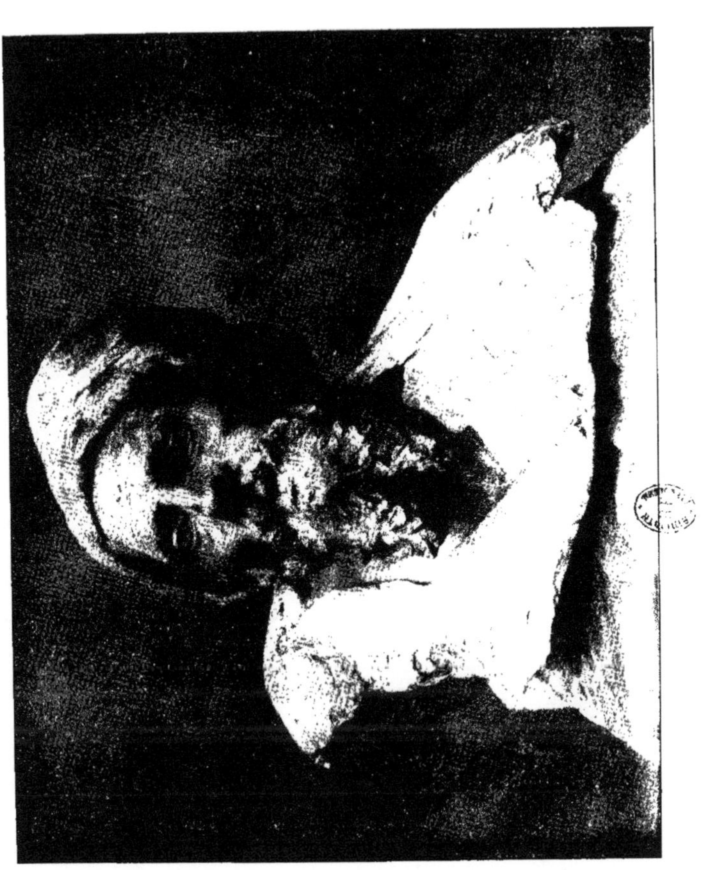

laquelle Carriès avait le dernier mot devant Bingen ravi. Carriès a pu parler en
ces termes de Bingen, dans une lettre à Madame Ménard-Dorian :

« Je suis passé à l'atelier de mon Bingen ce soir, pour y voir une fonte

Saint Louis enfant.

admirable qu'il vient de me terminer. J'ai trouvé l'atelier désert (c'est triste, un
atelier désert!). Madame Bingen seule y travaillait. À ses côtés, sa petite fille
chiffrait ses devoirs. En causant tous deux, elle m'a avoué ce soir que
son mari était bien fatigué de tant et tant de tracas accumulés sur ses
forces. Il commence à se plaindre, confidentiellement, à sa femme, de sa

10

santé. Lui, la roche! Il la roule d'ailleurs, depuis trente ans, comme un affolé, ce pauvre vieux! Pour moi, qui le connais, qui le suis, qui le vois quatre fois par semaine, je suis frappé de tant de force intelligente et animale dépensée dans la discrète modestie la plus pure. Et pourquoi, pourquoi? *Pour lui,* puisque personne ne lui tend la main. Je crains bien que ce génie ouvrier s'use vite et ne sombre avant l'heure. J'en suis chagrin. C'est mon complice. S'il sombre, moi aussi. Plus de beaux bronzes. Je me ferai potier. C'est triste; mais en France, la chose l'emporte sur le fond. Le Français ne manque pas de talent. Mais c'est l'homme qui manque au Français et au talent. Roué à tête d'oiseau, *politiqueur*, théoricien ridicule, sans but et sans pratique. Du bon sens à la causerie, souvent, c'est vrai, mais réactionnaire par tempérament et républicain par conviction. Mon Dieu! que les hommes sont lâches en masse et pleutres en particulier! »

XVI

Carriès avait le dernier mot, disions-nous, dans ses rapports avec son collaborateur fondeur. Cela peut être appliqué en général à tous ses collaborateurs ou auxiliaires, puisqu'en tout c'est sa volonté qui préside, pousse ou arrête le travail au point subtil qui l'enchante; mais précisons, en ce moment, à propos de la fonte seule.

Après que le modèle a été donné au fondeur, et que celui-ci l'a rendu sous la forme d'une cire, ou plus exactement d'un dur « noyau » recouvert de la couche de cire malléable qui reproduit exactement les détails du plâtre, l'œuvre n'existe pour ainsi dire pas, et elle est entièrement à refaire. Le corps y est, mais ce corps ne vit pas, et la vie, ce sont les retouches qui la donnent. Une cire fondue sans retouches n'aurait aucune raison d'être. Ce serait une dépense inutile pour un résultat banal. Il faut qu'à la cire le statuaire communique la perfection au delà de laquelle il ne peut pas aller, le frissonnement de triomphe ou de douleur, enfin, dont le métal, se substituant à cette cire, conservera jusqu'au plus volatil souvenir.

Dans ce nouveau travail, Carriès met toute sa passion; il se prend à revivre l'œuvre, à y retrouver et à y réinfuser toute son émotion. Ce n'est pas une « couture » qu'il enlève, une retouche de détail qu'il fait par-ci par-là, mais sa forte et caressante main repasse voluptueusement sur tout l'ensemble. Il aime ce travail de reprise et de perfection; il s'oublie à affiner cette figure de *Loyse Labé*, de *Frans Hals*, de *Vélasquez*, de la *Femme de Hollande*; il s'anime

à en élargir encore l'allure générale, tout en donnant plus d'exquis au détail,
en assouplissant la peau, en faisant luire ou songer les yeux, en les rendant
plus bleus, en faisant vraiment des lèvres une pulpe et des cheveux une soie.

Et c'est cette œuvre qu'il livre, que l'on va soigneusement recouvrir
jusqu'en ses plus intimes replis d'un attentif linceul de terre, d'où elle

Le Bébé à la bouche ouverte.

ressuscitera sous les espèces du métal pur, éclatant et sonore. C'est donc bien
le dernier mot de l'artiste qui nous est dit, et le feu, ainsi que le fondeur
qui le conduit, ont été réduits au rôle de dociles, muets et scrupuleux
serviteurs.

Chaque cire qui sera ainsi fondue, après avoir été ainsi travaillée, sera
donc, existât-il cinq ou dix exemplaires de la même œuvre, cette œuvre elle-
même, et non une répétition d'elle. Chacune est un bijou vierge. La fonte
ainsi comprise ne va pas sans de terribles émotions, car si le feu se livre à
une de ses méchantes incartades, si tout n'a pas été prévu, l'œuvre est irré-

médiablement gâtée ou perdue, et la moindre tare désespère et rend honteux
l'artiste qui voulait une chose parfaite.

Les premières fontes que Carriès fit exécuter à Bingen furent, en 1884, la
Tête de Moine, qui est au musée de Genève, les portraits de Monsieur de Galhau
et de Monsieur Villeroy, et le *Buste de guerrier.* Le *Gambetta* fut fondu en 1885,
et le premier *Buste d'Evêque* en 1886.

La fonte du *Portrait de Gambetta* fut particulièrement dramatique. Le
fondeur la considère comme la plus parfaitement réussie qui ait été faite. On
en avait grand espoir, et, par conséquent, grande anxiété. Lorsque le métal en
fusion eut pris la place de la cire, se fut emprisonné dans le moule, l'angoisse
ne fut point calmée, bien que tout indiquât que l'opération n'avait pas
été manquée. Quand le temps nécessaire se fut écoulé pour que le bronze
solidifié pût être démoulé sans crainte, l'artiste, le fondeur, les moindres
manœuvres étaient haletants autour du moule, dit Bingen, comme des gour-
mands autour d'un plat trop chaud, mais qu'ils veulent goûter tout de suite,
au péril des brûlures. Et cela était à la lettre, car le moule n'était pas encore
refroidi, on se brûlait les mains en le brisant. A la fin, le bronze apparut fin
et magnifique, et Carriès se jeta, en pleurant comme un enfant, dans les bras
de son ouvrier.

Puis, il songea à la belle patine qu'il allait faire.

XVII

Les patines des bronzes étaient, en effet, la dernière touche du raffinement, et elles constituaient le final triomphe de l'artiste, au delà duquel il ne pouvait rien de plus mettre de lui dans son œuvre. A cet épiderme vivant de la cire, il en superposait un autre, qui enrichissait le premier en lui laissant toute sa beauté. Telle fut la volonté, tel fut le rêve d'art de Carriès, et l'on conçoit qu'il ait pu sarcastiquement parler des artistes qui jettent la poudre aux yeux, et conquièrent les honneurs et la vanité à mille fois moins de frais.

On comprend aussi comment les violentes émotions qu'il se donna encore plus tard embrasèrent et consumèrent dans une flambée un pauvre corps aux hérédités fatales et rongé par de telles ardeurs pour la perfection.

Ces patines des bronzes sont parmi les choses qui ont le plus déconcerté les artistes et le plus soulevé les admirations du public. Elles sont pourtant d'une simplicité extrême ; mais à cette simplicité Carriès n'arriva pas tout de suite. La nécessité des patines lui avait apparu en même temps que celle du bronze lui-même ; elles étaient pour lui un accompagnement indispensable, le complément de la fonte parfaite, *la couleur* du bronze, non pas couleur en tant que sorte d'enluminure, mais en tant que duvet, que séduction définitive de l'objet.

Le fameux tonneau du « certain Jean Bart » dans l'atelier de la rue Boissonnade fut vraiment, tout d'abord, un tonneau diabolique, un tonneau à malices et à surprises. Carriès a toujours procédé empiriquement, tâtonnant par

instinct et trouvant par force de volonté et par goût. N'ayant jamais eu de
science ni d'esprit scientifique, incapable de s'astreindre à suivre une formule, de lire un traité, il possédait des qualités infiniment plus rares que

Tête d'aveugle.
Cire.

ces qualités purement positives et qui ne nécessitent que de l'application. Il
avait l'assimilation et la divination ; puis une autre qu'il faudrait répéter cent
fois et écrire en grosses lettres, car elle est presque tout dans le côté matériel
de l'art de Carriès : *le sens de l'emploi*. Un renseignement donné en causant
lui était plus utile que la lecture de vingt ouvrages ; il en tirait et en'étendait
immédiatement parti.

Il essaya d'abord, pour les patines, des jus de plantes et de fruits, de
prunes, entre autres, qu'il faisait macérer dans le baquet et dans l'aigre résidu

desquelles il faisait bouillir ses bronzes. D'autres tentatives encore furent
faites, telles que des enfouissements prolongés dans la terre ou sous des tas
de fumier ; la *Femme de Hollande* fut enterrée dans le jardin de Madame Ménard-
Dorian, rue de la Faisanderie, puis soumise à bien d'autres épreuves. De tous
ces primitifs essais résultèrent sans doute de fort beaux objets, et les premiers

Le Bébé endormi.

bronzes patinés, pour avoir été le produit de tels tâtonnements, ne sont ni
moins beaux ni moins riches que ceux que Carriès, plus tard, obtint à coup
sûr, par des formules aussi peu sorcières que possible.

Ces formules se trouvent dans les premiers Manuels Roret venus, et il n'y
a pas grand danger à en dévoiler le « secret ». Elles consistent simplement en
oxydes appliqués à chaud sur le bronze. Un four, une petite lampe à esprit-
de-vin pour amener le bronze au degré de chaleur nécessaire, puis, étendus
au pinceau, de l'oxyde de fer pour les bruns, de l'oxyde de cuivre pour les
verts, et c'est tout.

Seulement, il y a encore une chose que l'on ne peut pas vous dire, et cette
chose est essentielle. Sans elle, les formules sont lettres mortes et stériles :
c'est encore l'endiablé tour de main. C'est le tact et la verve, et la légèreté, et
la justesse extraordinaire déployés par Carriès pendant ce travail. Comment,

avec cette gamme qui va des verts clairs, des verts d'aigue-marine, aux rouges brûlants, aux bruns sombres ou violâtres, aux bruns profonds et caramélisés, il a pu ménager ces transitions qui échappent à la description et à l'analyse, cet aspect délicat et fort, cela c'est le mystère de la main et du goût, qui ne peut ni se livrer ni se copier. Il a fallu, pour obtenir cela, déployer une aisance, une vitesse de main et une finesse d'œil extrêmes. Ainsi tel buste comme le *Frans Hals* a-t-il des tons de malachite; telle statuette comme l'*Infante*, dite aussi la *Fillette au pantin,* est-elle d'un bronze pourpre, avec le velouté d'une belle rose rouge; telle tête comme le *Faune* est-elle un bloc d'agate. Et là dedans jouent des luisants de métal, des reflets inattendus et comme prêts à s'évaporer, d'argent ou d'or.

Avec quel bonheur et quel perpétuel inattendu d'expressions, Carriès a-t-il allié la finesse de la fonte avec la richesse des patines! Comme on lui demandait un jour, entre artistes, comment il obtenait de telles patines, par quel secret, par quel miracle, — enfin, il pouvait bien le dire, voyons! — il répondit avec un accent d'importance mystérieuse et un geste emphatique qui remplit toute la salle : « C'est excessivement cher et compliqué! Je fais venir à grands frais des jus de fruits d'Orient! » Et les questionneurs sentirent peut-être qu'une mordante raillerie se cachait sous ce grand sérieux.

Mais Carriès avait raison et disait vrai. C'est-à-dire qu'avec un éclat et un charme intenses, il a fait en ce temps comprendre de nouveau ce que c'est que la richesse et l'harmonie sobre de la matière. Il a été une sorte d'apôtre de la matière précieuse et raffinée, et en ce sens son influence ne sera pas perdue, malgré le caractère de rareté et d'exception de ses œuvres. Seulement les artistes qui voudraient l'imiter littéralement, et se servir des mêmes procédés que lui pour les mêmes effets, n'auraient que le désavantage d'évoquer son œuvre personnelle en moins délicat : son apparence en grossier, sans sa nature.

Il faisait donc bien venir des jus de fruits d'Orient

XVIII

Un souvenir permettra de compléter, après ces indications sur les recherches de matière, ce que nous avions commencé de dire sur les recherches de caractère, en prenant non plus une œuvre de fantaisie, mais un portrait. Par le *Jules Breton*, nous savons combien Carriès était gêné et finalement énervé par la présence immédiate. constante du modèle.

Cela se comprend assez aisément, et nous l'avons expliqué d'un mot : Carriès était un grand artiste subjectif. Comme il cherchait autre chose qu'une grosse ressemblance, comme il voulait dégager et montrer son propre sentiment du modèle et y mettre le plus possible de lui-même, aussi bien que dans une œuvre de fantaisie pure, la nature lui devenait une entrave et une irritation dès qu'il s'était fait d'elle l'idée qu'il cherchait. En un mot, il voulait faire une œuvre d'art sur le thème d'un portrait.

Si l'on s'en rapporte aux documents exacts, littéraux, laissés par le temps sur certaines figures célèbres, comparés aux interprétations que firent les grands artistes de ces figures, on constatera le même travail et aussi l'importance secondaire de la réalité pure. Le *François I*ᵉʳ de Titien, les portraits de Van Dyck, les grands bustes de certains de nos propres sculpteurs du xviiiᵉ siècle, ne sont que des variations des grands artistes sur leur propre pensée, et pourtant, quoique d'autres documents *vrais* existent, ce sont eux que la postérité tient pour ressemblants.

Le *Vacquerie*, le *Jules Breton*, dont l'exactitude fut contestée, n'en seront pas moins plus tard parmi les plus significatifs portraits de ces hommes, et, en outre, ils seront des plus précieux par leur caractère d'art voulu. D'ailleurs, le *Vacquerie,* dont nous reproduisons un état disparu, la première terre, est déjà devenu définitif et s'éloigne des critiques, quelques semaines écoulées depuis la mort de l'écrivain [7].

Le *Gambetta* diffère essentiellement des nombreux documents qui furent

L'Homme au Grelot, dit aussi le « Bouffon désespéré ».

mis à la disposition de Carriès, et les amis de l'homme politique apportèrent chacun leur critique sur tel ou tel détail du visage, mais ce n'en est pas moins un vrai et admirable Gambetta. Comme chacun de ces conseillers avait dans sa tête un Gambetta probablement différent de celui de son voisin, il vaut encore mieux, n'est-ce pas, que ce soit celui de l'artiste qui ait prévalu?

Cette vérité se traduisit sous une forme amusante pendant que Carriès travaillait à ce buste. Il lui avait été commandé, après la mort du tribun, par Monsieur Waldeck-Rousseau, à la suite d'une rencontre ménagée par des

amis chez Monsieur Liouville. Un moulage du masque et de nombreux portraits photographiés ou dessinés avaient été mis à sa disposition. Lorsque
le buste fut un peu avancé, un de l'entourage de Gambetta réussit à se

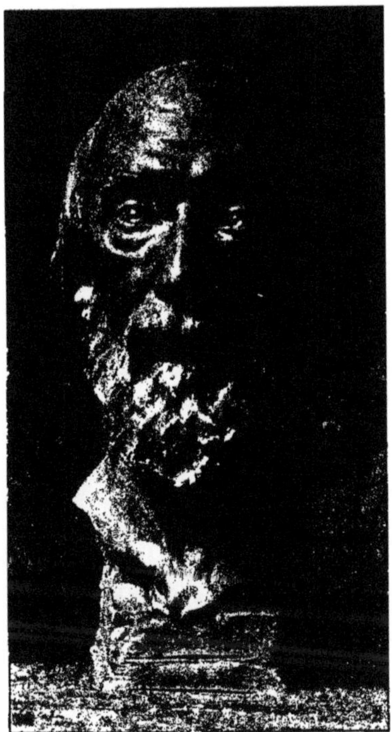

Buste d'Auguste Vacquerie.
Premier état d'après une ancienne photographie de la terre.

faire ouvrir la porte de l'atelier, puis il en vint deux, puis dix, puis en fin de
compte tout le groupe y passa, et tous critiquèrent.

Carriès, impatienté d'abord, puis amusé de ces visites, demandait un peu
de crédit pour la ressemblance, mais il ne tenait aucun compte des corrections

si obligeamment indiquées, tout en promettant qu'il aurait de nouveau recours à de si précieux conseils quand le moment serait venu.

Puis, un beau jour, à la stupéfaction de ses amis, chaque fois qu'un des critiques politiques revenait à l'atelier, Carriès s'empressait de corriger son buste suivant l'indication du visiteur, désormais satisfait. Le buste arrivait à ressembler de moins en moins et Carriès devenait de plus en plus joyeux.

« Mais qu'est-ce que ça va devenir, ton Gambetta? demandèrent les camarades de Carriès. — Je n'en sais rien, répondait-il avec de grands éclats de rire. Ça deviendra peut-être un prêtre, ou autre chose. Mais, mon vieux, celui-là, je m'en fous! » Et il leur révélait qu'il en avait un autre, caché dans une armoire, et auquel il travaillait quand les conseilleurs étaient partis; enfin que pour celui-ci il ne se souciait même plus de consulter les documents. Ce fut celui qui fut fondu à cire perdue.

A ce *Gambetta* se rattache un souvenir d'un autre ordre, qui montre la fierté de Carriès et la parfaite désinvolture avec laquelle il remettait à leur place ceux qui oublient le rang de l'artiste. Dans une soirée où fut montré le buste terminé, un homme politique important, Monsieur S....., se mit à faire des critiques non plus tirées de la ressemblance, mais de la conception même de l'œuvre, devant Carriès, qui écoutait avec un dédain des plus accentués, et finit, d'une parole mordante et fine, par le prier de parler des derniers bruits de couloirs, ou de la prochaine crise ministérielle. « Mais enfin, monsieur, dit Monsieur S..... en s'animant, j'ai bien le droit d'exprimer un avis sur une œuvre d'art. — Non, monsieur, » fit Carriès, et l'entretien en resta là pour le moment.

Vers la fin de la soirée, sentant qu'il avait blessé mal à propos un artiste de valeur, Monsieur S..... tenta de renouer conversation avec lui sur un ton cordial. Mais Carriès faisait mine de ne pas entendre et ne répondait pas un mot. « Je vous parle, monsieur, s'écria le personnage ainsi rebuffé; » et un éclat allait peut-être encore se produire, lorsque, se ravisant, il ajouta courtoisement : « Enfin, si je vous ai causé quelque peine, je vous prie de recevoir mes excuses.

— A genoux! » répondit Carriès d'un air si finement railleur, mais en même temps si impérieux, que la moitié des assistants pensèrent pouffer de rire, tandis que les autres en étaient tout scandalisés ou déconcertés.

XIX

Carriès avait fait la connaissance d'Armand Gouzien, inspecteur des théâtres, et qui a été un excellent homme, un ami infatigablement dévoué. Avec Gouzien, qu'il aima tendrement, il fit un voyage en Belgique et en Hollande; il en ressentit une profonde et durable émotion. Sous l'empire de cette émotion, il a exécuté quelques-unes de ses plus belles œuvres de sculpture, entre autres le *Frans Hals* et la *Femme de Hollande,* également baptisée *Madame Hals.* Ce sont deux morceaux de calme et de joie, d'où est bannie la nuance d'angoisse, d'effroi, ou d'au delà, qui se mêle à la plupart de ses autres bustes. La franchise et le bonheur, en même temps que le beau métier paisible et sûr des maîtres portraitistes hollandais, l'avaient vivement frappé, lui avaient procuré un moment de paix et avaient correspondu aux côtés riants, enfantins et confiants de sa nature.

En Carriès il y a toujours eu, en effet, autant d'entrain que de tourment; d'impétueux et tenaces désirs de force et de santé, qui lui donnaient le change à lui-même et parfois trompaient et détournaient les inquiétudes de ses amis, démentaient leurs pressentiments; autant de lumière dans les yeux et dans le sourire que de pâleur dans le visage. Selon qu'il se sentait vivre ou rappeler vers ses fatalités, sa personne et son œuvre (ce qui est la même chose) reflétaient ses élans ou ses secrètes terreurs. Mais dans la fièvre de travail et de vie qui le posséda jusqu'au dernier moment, plus que nul homme il se créa des illusions avec la plus extrême énergie. Et le Carriès si beau

et si attrayant des jours de grande expansion, le Carriès du *Frans Hals* et
de la *Femme de Hollande* est presque toujours, sauf en ces deux œuvres, suivi
pas à pas et dans son ombre par le Carriès averti et assombri, le Carriès douloureux du *Charles Ier* et de la *Tête de Faune*.

Tel fut un instant le bienfait de la Hollande envers lui. Les portraits
de Frans Hals à Haarlem l'avaient, entre toutes œuvres, enthousiasmé
par leur aisance et leur belle tenue, par cet aspect d'abandon et de
sûreté. Le Hals de certains portraits, poussés jusqu'au plus fin détail et au
précieux de matière, que l'on rencontre aussi dans les musées hollandais, ne lui
avait point échappé non plus. Rembrandt le troublait, et il évitait de se l'expliquer, bien qu'il nous ait fait part plus d'une fois de son admiration sans bornes.
Bref, pour lui qui n'avait pas été en Espagne, comme cela avait été projeté dans
sa jeunesse, et qui avait évoqué et ressenti Vélasquez sans presque le connaître,
les Hals l'avaient saisi par leur aspect de richesse et d'éclat, obtenu par
des moyens sobres, et par leur mélange de distinction et de désinvolture.

Lorsqu'il eut parachevé ces beaux bustes joyeux et tranquilles, Carriès
avait accompli la plus grande partie de son œuvre sculpturale, bâti les principaux thèmes sur lesquels il aurait à revenir sous d'autres formes et avec d'autres
perfections ; enfin il avait accompli la première phase de sa carrière d'artiste,
et la moins douloureuse. Cette phase eut une brillante et raffinée sanction : une
exposition d'ensemble, organisée chez Monsieur et Madame Ménard-Dorian, de
qui Armand Gouzien était l'ami, et qui se mirent à la disposition de l'artiste avec
une entière bonne grâce [8].

Carriès avait un éloignement marqué pour les expositions où les œuvres
sont présentées en cohue, où toute chose subtile s'évapore, où toute chose
harmonieuse est écrasée. Depuis 1883, où avaient été montrés l'*Évêque* et
le *Courbet*, il avait cessé de prendre part aux Salons de sculpture. Aussi,
en 1888, durant le mois d'avril, cette élégante présentation de son œuvre fut-elle,
pour beaucoup de gens, une révélation nouvelle, et elle obtint un vif succès,
mais un succès choisi, aristocratique. Ces sculptures amoureusement
modelées et vivant en de précieuses réalisations, cires, bronzes, plâtres
rehaussés, prenaient toute leur signification dans un milieu intime, de tout
point conçu et arrangé comme ceux en vue desquels Carriès les avait caressées.
Toute leur séduction se dégageait et s'exaltait dans la chaude demi-teinte

LE MINEUR

Plâtre repris à la cire.

d'un luxe discret et non improvisé ; c'était, en un mot, le cadre et le mode
de présentation qui pouvaient le mieux satisfaire l'artiste, le moins dépayser
ses créations.

Nous n'avons point à revenir sur les qualités, pour ainsi dire, physiques

Buste de jeune fille.
Cire.

de cette œuvre, que le moment est venu d'examiner dans son ensemble. Nous
en avons assez dit sur ce qu'elle offre d'exquis dans le travail et de rare dans
les matières mises en œuvre. On ne doit pas croire qu'une parfaite sculpture de
Carriès, douce, blonde, ferme et souple, d'une fonte parfaite et d'une patine
tout harmonieuse, un tel bibelot, sur lequel on a envie de passer la main en
même temps que les yeux, n'est capable de donner qu'un plaisir matériel,

12

qu'un plaisir de sensation, mais que le plaisir de sentiment en est banni.
Le sentiment y est, au contraire, d'une intensité au moins aussi grande.

Si la beauté de décor y est étroitement liée à la beauté d'expression,
elle en est très nettement indépendante, et aux analyses d'exécution il faut
à présent l'accompagnement des analyses d'évocation.

XX

Les œuvres de Carriès ne sont pas anecdotiques ; elles dépassent toujours les titres qui leur ont été donnés, et elles suggèrent chez le spectateur des idées plus générales et plus complexes que ne feraient un réel portrait, contemporain ou rétrospectif, une figure dans une action déterminée ; elles provoquent des émotions plus vives et qui vont jusqu'à une sorte d'inquiétude.

En parlant des *Désolés*, ou des *Épaves*, ou des *Désespérés*, ou des *Déshérités*, comme on a appelé ses premières œuvres exposées, il disait : « Ce sont les littérateurs qui ont trouvé ces noms-là ». Par ces littérateurs, il entendait entre autres le poète Rollinat, mais le mot de Carriès était juste dans sa nuance de dénégation ironique. Les littérateurs ajoutent presque toujours une histoire ; ils gâtent, en lui attribuant trop de précision, une œuvre sentie très fortement, et dans laquelle tous les instincts de l'artiste ont été intéressés sans qu'il ait besoin de les analyser.

La sculpture de Carriès n'est pas non plus pittoresque au sens vulgaire du mot, puisque ce n'est pas par un détail qu'elle frappe tout d'abord, mais par un ensemble, si attrayants que deviennent plus tard les détails, une fois subie de l'œuvre la première et saisissante impression. Carriès voulait qu'une belle œuvre produisît tout d'abord une commotion de surprise, une sorte de syncope d'admiration.

Lui-même ressentait d'une façon intense et durable. Il n'était jamais joyeux

ou triste à demi ; ses colères, ses tendresses, ses désespoirs, ses bonheurs
étaient également terribles par leur vivacité, leur mobilité et leur violence.
Un chagrin, une joie inattendue le contractaient douloureusement et lui cou-
paient la parole comme si toute la vie allait lui manquer. Une œuvre d'art
puissante, un objet exquis le faisaient reculer, se retourner en cachant ses

Le Bébé à la collerette.

yeux ; puis il avait envie de se jeter dessus et de le voler. Si c'était dans la
vitrine d'un marchand, il l'achetait et l'emportait dans sa poche, sans marchander, sans calculer ses ressources. Une femme belle, rencontrée à l'improviste, causait à son visage une pâleur, à son regard une fixité sauvage. Sa voix,
habituellement d'un timbre à la fois caressant et mordant, devenait perçante
dans les moments de colère, et basse, comme effrayée et vaincue, dans les
moments d'émotion : admirations ou souvenirs.

D'une pareille nature, aussi finement et aussi cruellement vibrante, ne
pouvaient naître que des œuvres instinctives, irraisonnées, autant que profondément ressenties. Tous ses souvenirs, toutes ses visions d'autrefois, toutes
ses sensations et toutes ses émotions du moment passaient dans ses œuvres,

dominant le sujet, faisant naître les détails, les multipliant même, mais sans qu'il cessât de voir la fin. C'est cela qui donne aux grands bustes, aux têtes, aux quelques figures en pied, leur caractère d'évocation sentimentale, la brusque sensation physique qu'elles procurent en même temps que l'esprit se trouble d'une façon un peu surnaturelle.

Il y a, en effet, du surnaturel dans certaines œuvres de Carriès ; ces objets

La Femme de Hollande avec variation dans la coiffure.
Bronze.

solides, précis, palpables, de substance simple, presque grossière dans leur emploi délicat, puisque c'est le plâtre, le bronze ou le grès de tout le monde, ces objets matériels, en un mot, conservent presque inexplicablement quelque air d'apparition. La *Tête de Faune,* par exemple, est une chose vaguement déchirante, d'une pénétration de mélancolie, d'apaisement peut-être, de douleur calmée, qui n'appartient pas aux expressions et aux émanations habituelles de la sculpture, toujours arrêtées et définissables, si compliquées ou si légères qu'elles soient. L'irrégulière construction de cette longue tête penchée, aux yeux clos, construction ainsi déformée volontairement et instinctivement, et accentuant un caractère qui n'est tout à fait ni de souffrance, ni de repos, ni de sommeil, ni de mort, est une des plus inquiétantes pièces de l'œuvre de Carriès et une des plus troublantes de l'art moderne. Il est impossible et inutile de dire à quoi cela tient.

Par un semblable et poignant phénomène, dans cet adorable et sévère profil, d'une douleur si lumineuse, de sa mère éternellement endormie, placé au pied de son grand portrait, figure devinée, retrouvée, à travers les confus souvenirs de l'enfant jeté seul, à travers les pensers et les pressentiments du jeune homme, Carriès a entrevu, a fixé la ligne de sa propre mort. Tous ceux qui le virent sur le lit de souffrances où il s'éteignit en furent frappés à l'âme...

Mais le voici, ce beau et parfait portrait où, sous l'image fière, vit l'esprit inquiet et créateur de l'ouvrier. L'artisan scrupuleux et passionné est là, qui ne faisait cas que des grands artisans et qui écrivait à ceux qui lui demandaient conseil : « Ayez un métier ; — soyez bon ouvrier, ou tâchez de l'être ; le talent, je m'en fiche, tout le monde en a, même à revendre, — tandis que l'ouvrier *artisan* n'existe plus ». Sa force, sa joie et ses inquiétudes sont racontées dans cette statue. La force s'affirme dans la vigueur et la simplicité de cette silhouette qui semble jaillir du sol devant vous, prête à parler, prête à agir. Elle s'affirme dans la sobriété admirable et dans le grand arrangement noble de la mise, qui est celle d'un ouvrier, la blouse au col relevé, le tablier noué autour de la taille et passant aux épaules, le chapeau rejeté en arrière et dont les bords, coupant net, arrêtent et retiennent votre regard sur la beauté de l'énergique visage. La force et la joie sont dans le moment d'ardeur qu'on devine, qui a précédé ce moment d'arrêt ; elles sont encore dans la bouche qui à l'instant souriait orgueilleusement de l'effort réussi, et qui vient de se serrer, pensive. Il y a une ardeur d'action, un besoin de manier, d'étreindre, de dompter la matière ou de la briser, dans ces mains qui se reposent en ce moment, mais qui sont encore frémissantes et déjà prêtes à repartir. L'une présente la statuette, le fin bijou que l'on va livrer au feu ou déposer dans le mystérieux tonneau où fermentent les aigres et toxiques jus qui donnent la surprise des patines. L'autre main s'est appuyée à la ceinture, les doigts écartés, fébrilement passés dans les cordons du tablier.

Pour l'inquiétude, elle est dans le front chargé de soucis, dans les yeux

clairs, anxieux, effrayés, qui conservent leur expression de volonté indomp-
table, mais qui se fixent sur des choses invisibles, lointaines, inconnues,
tandis que le grand et triste et fier profil de la mère, aux yeux de douceur, au
menton et à la bouche de révolte, semble attirer toute cette activité vers la

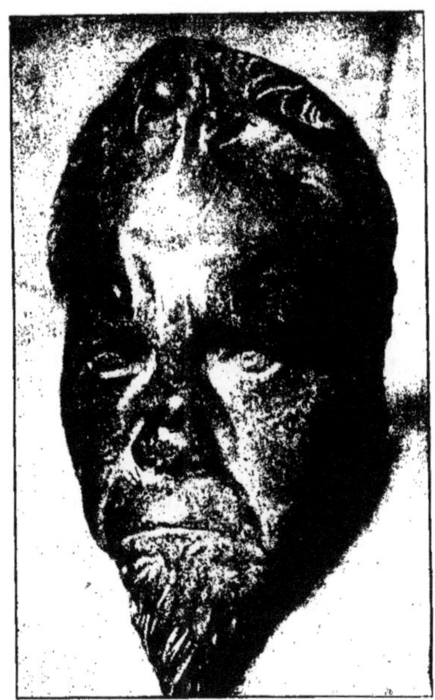

Le Masque au nez cassé.
Grès.

terre toujours entr'ouverte, vers un repos sombre et prématuré. Pas un détail
n'est inutile dans cette œuvre altière et fouillée. Rien n'est vague dans cette
ampleur des plis de la blouse, dans la souple ondulation de cette guimpe qui
se prolonge et s'érige en coiffe, en auréole rubannée, encadrant le fin visage
de femme, dont on ne saurait préciser si c'est une œuvre en train ou un souvenir qui surgit, rival de l'œuvre à laquelle l'artiste travaillait.

Ainsi Carriès a-t-il écrit lui-même toute son histoire, l'histoire de son corps et de son esprit, dans cette figure qui domine et éclaire toute son œuvre. Elle est une des plus complètes expressions de lui, et qu'on la considère sous le rapport de l'expression, ou sous celui de l'arrangement, elle dit sa nature, son goût et sa passion. Mais ce n'est pas un aveu unique; cet aveu se retrouve partout. Carriès se reflète fidèlement, soit par un simple trait, soit par une évocation complète, dans tout ce qui est sorti de ses mains.

On peut ramener à trois principales sources d'inspiration, d'émotion pour mieux dire, toutes ses sculptures. Les unes se rapportent à lui directement, à lui pris comme souvenir ou comme modèle : Carriès, continuellement, interrogeait son visage, se regardant attentivement dans la glace, variant, nuançant, accentuant ses expressions, la fixité, la joie, le dédain, l'inquiétude, la colère, la souffrance même, l'éclat de révolte ou l'éclat de rire. Il se composait ainsi tout un répertoire d'expressions complexes et subtiles; il les reproduisait avec une légèreté extrême, avec des finesses de modelé insaisissables, sur la solidité de construction de ses têtes, qu'il possédait, ainsi que nous l'avons dit, comme une orthographe. Ces expressions se retrouvaient presque partout, et jusque dans certaines figures de femmes et d'enfants, qui parfois ont le troublant de ses yeux, la finesse mordante de son sourire, son air de grâce méprisante. Plus d'un buste qui semble une fantaisie pure, tel celui du *Guerrier,* est encore une interprétation, un arrangement de ses traits.

D'autres œuvres, non moins nombreuses, émanent des êtres ou des objets qui l'avaient ému dans son enfance, en esprit ou en réalité; ce sont des souvenirs, des visions, des craintes ou des tendresses fidèles. Ainsi, la persistante idée qu'il s'était conservée ou créée de sa mère, dans un grand nombre de figures de femmes. Le souvenir douloureux et pur de sa petite sœur, de qui reviennent, dans toutes les jeunes têtes, et avec le plus d'intensité dans la *Novice,* la grâce touchante et maladive, l'air d'enfantine bonté et simplicité, de pensive résignation, puis tout embelli et transformé en un épanouissement de richesse et d'élégance dans le grand médaillon de jeune fille, dit la *Sœur de Carriès.* Les impressions de souffrance apaisée, qui l'avaient frappé dans le masque d'Allard, et que l'on retrouve dans le *Charles Ier,* dans l'*Homme au grelot,* dans la *Tête de Faune;* les misères et les désolations résignées, qui se constatent dans les *Épares,* dans l'*Aveugle.*

VÉLASQUEZ

Bronze à cire perdue.

Enfin, dans une opposition saisissante, raffinée, brillante, toutes les belles évocations joyeuses, souriantes, fières, ou graves et nobles, nées de l'imagination pure, excitée et fécondée d'un trait, par quelque rencontre d'art, par quelque mot raconté, quelque admiration ressentie à la suite d'une contemplation, d'un récit, d'une lecture. Ce sera la *Loyse Labé* en qui s'incarnera un moment d'enthousiasme, un hommage envers la Renaissance ; le *Vélasquez*, tel qu'il s'en représentait la finesse, l'élégance et la fierté ; le *Frans Hals,* dont nous savons l'inspiration robuste et prospère.

Quant aux portraits, ils forment une catégorie à part, si on le désire, mais nous avons vu que leur intérêt et leur beauté artistique est d'être encore des interprétations et de participer plus du sentiment de Carriès que de l'idée que les modèles se font d'eux-mêmes.

A l'exposition de 1888, dans l'hôtel de la rue de la Faisanderie, toutes ces impressions et tous ces rêves, toutes ces créations de formes et ces évocations de sentiment, ces réalisations de travail serré et raffiné en des matières harmonieuses, furent rassemblés pour permettre d'apprécier toute l'œuvre de cet homme de trente-trois ans. Il semble qu'il voulait se rendre compte lui-même, tout en appelant les autres à le juger, du résultat de ces cinq années passées dans son labeur cloîtré et sauvage. Cette exposition fermait une période, elle était pour l'artiste une minute de repos et de récapitulation avant de se lancer dans d'autres et plus accablants travaux. De la même façon, quatre ans plus tard, et deux ans seulement avant d'être écrasé par les efforts d'une troisième et encore plus rude étape, devait-il montrer, à la foule cette fois, un résumé de son œuvre de naguère, augmentée de toutes ses nouvelles conquêtes.

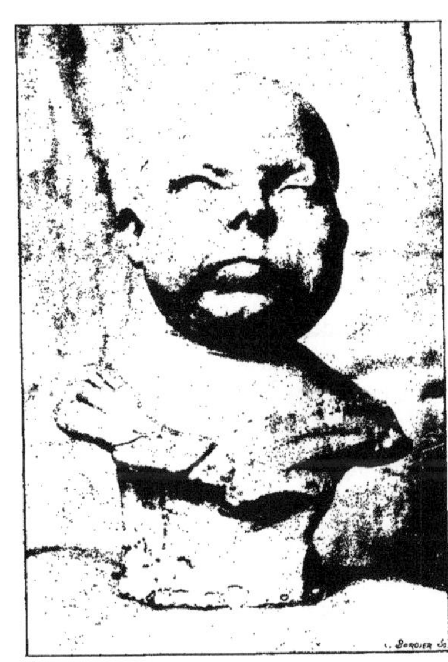

XXI

Le Bébé au nez retroussé, dit
le « le Petit voyou ».

Pour plus de simplicité dans l'examen des figures de Carriès, après que nous en avons indiqué les diverses sources d'inspiration, observation, souvenir, imagination, il est assez commode de les classer en trois autres catégories : les figures sur un thème général, de pur sentiment, ne portant qu'un nom générique, l'Enfant, l'Aveugle, le Guerrier, l'Évêque; les portraits proprement dits; enfin les conceptions imaginatives sur un thème donné, les grandes fantaisies décorantes, baptisées d'un nom convenu.

Parmi les plus générales et les plus finement émouvantes de la première sorte, sont les figures d'enfants, de bébés. Carriès disait : « Je connais par cœur ces délicates formes, dont le détail et la vérité vous surprennent. Je les sens sous mes doigts en les modelant, depuis les joues rebondies, les tout petits nez, les yeux ouverts ou clos, jusqu'aux crânes développés, avec leurs mèches légères et rares, leur délicate fontanelle. »

Ces petits êtres qui semblent toujours sourire, d'un sourire vermeil ou pâle, la bouche bégayante, la tête penchée dans un mouvement de faiblesse étonnée, à lui seul une trouvaille charmante, ou bien plongés dans un sommeil profond, tout abandonnés et prostrés, un souffle imperceptible passant entre les lèvres, les menus poings à peine crispés et ramenés vers la poitrine, ou comme le *Bébé au nez retroussé,* qu'il appelait le *Petit voyou,* ou encore comme le *Bébé pensif,* ayant des mines de défi ou de comique gaieté, ces *Bébés* forment une des séries qui attestent le plus la patience scrupuleuse de Carriès, et l'extrême délicatesse de facture qu'il atteignit par de perpétuels recommencements.

Les premiers *Bébés* sont plus sommaires de modelé, au contraste moins savant et moins aisé entre la rondeur des joues et l'élévation du crâne; le mouvement de la tête a moins de souplesse et de vraisemblance; l'arrangement du bonnet et de la bavette a moins d'originalité et d'ampleur, est d'une présentation moins attrayante. Et, pourtant, il sont déjà si jolis, si trouvés! Mais peu à peu le sculpteur, à mesure qu'il possède encore mieux ces formes simples aux détails si insaisissables, s'achemine vers une perfection de souplesse et de grâce; ce ne sont plus des choses qui sentent la sculpture, mais une réelle et troublante palpitation de la vie. Lorsque ces têtes d'enfantelets furent montrées pour la première fois au Cercle des Arts libéraux, on ne comprit pas et on dit méchamment que c'était d'un art « morbide ». Non point morbide, mais mélancolique et énigmatique comme l'enfance elle-même, que Carriès sentait profondément; il lui ajoutait un accent un peu tragique, veillant dans sa propre nature, mais, avec son âme de grand enfant, il la devait sentir et exprimer avec tendresse.

Une autre progression, une transformation complète d'une figure d'enfant est infiniment intéressante à observer, car on peut grâce à elle mesurer toute une évolution de l'artiste et son progressif éloignement d'une certaine nuance de pittoresque vers une grande simplicité. L'*Enfant sur un coussin* a été exécuté vers 1882 : c'est un gentil petit homme, dans une pose vivement saisie; il est assis les jambes écartées et serre contre sa poitrine un polichi-

nelle disloqué. L'arrangement et l'exécution vaudraient peut-être un succès à
un sculpteur ordinaire ; pour Carriès, c'est une chose qui incline décidément
vers le pittoresque, et qui est loin, par suite, d'être une de ses meilleures.
Mais quelques années se passent, et à l'exposition de 1888, puis à celle du

Charles Iᵉʳ.
D'après le plâtre patiné, dédié au Docteur Jullien.

Champ de Mars, en 1892, on voit apparaître une admirable statuette, statue
plutôt, d'une *Fillette au pantin,* dite l'*Infante,* qui est, à n'en pas douter, la
transformation de la première idée.

En se transformant, cette idée a pris une beauté de caractère, une définitive ampleur. Cette fillette, six ans peut-être, encore un bébé, à peine déjà une
petite fille, malgré la grande robe qui tombe à larges plis jusqu'à ses pieds,
fillette de sang noble, royal sans doute, est campée dans une attitude de défi
et de peur. On ne sait pas ce qu'elle voit, peut-être un gros chagrin, peut-être
Madame la Mort qui a fait toc toc à la porte. Elle serre contre sa menue poitrine

un pantin vidé de son, tout plat et tout piteux. Rien n'est intense et émouvant comme l'expression de cette petite personne dans sa pose toute en retrait, dans son costume aux grands plis, aux opulentes cassures. Carriès en a fait un de ses plus beaux grès et un bronze admirable entre tous, un bronze à la patine rose et brun violâtre. Ainsi, à quelques années de distance, la même idée a pris une autre allure, un autre corps, et par une transformation subite, complète, impossible à reconnaître pour ceux qui n'ont pas étudié l'œuvre et la façon de procéder, elle a passé de la gentillesse à la grandeur.

Le *Faune*, l'*Évêque* au visage ascétique et doux, à la chappe splendide, le *Guerrier* aux pommettes dures, aux joues creuses, à la bouche serrée, à la barbiche acérée comme la pointe de fer, étrange ornement qui descend de la visière du casque; les diverses *Épares*, comiques de fanfaronnade comme le *Vieux Cabotin*, inquiétantes comme certaines figures barbues, penchées dans un élan de souffrance, émanations de désespoir, où l'homme devient une sorte de racine tordue et gémissante; *Épares* encore à faire sourire comme ce *Cuisinier*, assez mauvais drôle, dont on ne goûterait pas la cuisine avec trop de confiance, ces hommes à toques percées d'une plume de coq, à barbes de vieux aventuriers, à feutres bossués et transformables ainsi que celui de Tabarin, toutes ces choses, vous commencez à les connaître, et elles ont été assez expliquées par notre récit des premières années ou par la gravure elle-même.

Mais deux êtres sont encore à noter au milieu de la série sentimentale : l'*Aveugle* et le *Mineur*. Le col démanché, s'allongeant comme dans une aspiration vers la lumière, le visage souriant et douloureux, le crâne couvert d'un bonnet de drap grossier, la barbe en mèches lamentables, la bouche entr'ouverte dans un pauvre sourire niais, les paupières à jamais baissées sur le globe des gros yeux, ces yeux éteints dont le manque d'expression est une expression terrible, tel est l'*Aveugle* de Carriès. Cela tient aux choses les plus poignantes de la vie la plus vraie, et cela possède le charme supérieur d'une chose d'art pur. L'épreuve en cire qui existe de cette tête est un objet des plus précieux ; c'est une cire brunâtre et transparente. Le travail en est si souple, si fin et si fort, que l'artiste visiblement s'est arrêté là, sans plus penser à la possibilité d'un bronze, et considérant cette cire comme la matière définitive.

Le *Mineur* est une œuvre aussi poignante, aussi vraie et aussi inventée. Il en existe un exemplaire en grès clair, jaunâtre et verdâtre,

et un exemplaire en plâtre entièrement repris et retouché à la cire,
une cire tirant sur le rouge brun ; tous deux sont beaux, mais la cire
dit mieux la force et l'agilité de la main de Carriès, en même temps
que son acharnement de travail. La coupe de cette statuette est neuve,
hardie, et produit une impression étrange : la figure est arrêtée net
au-dessus des genoux, à peu près aux deux tiers des cuisses, comme si les
jambes étaient encore cachées dans le puits d'où le *Mineur* émerge lentement
ou bien où il va lentement descendre, on ne saurait dire au juste. Sur sa tête
heurtée, au nez de travers, tête comme carbonifiée, tête passive et cependant
capable de révolte, est enfoncé un double chapeau à grands bords ; son cou
tanné et raviné, ses clavicules endurcies se dégagent d'une large veste ou
blouse de cuir, sans col, aux manches retroussées ; et de ces manches pendent
deux mains noueuses, l'une tenant la lampe souterraine, toutes deux mornes,
sans tressaillement, comme un outil inoccupé. L'œuvre est si belle d'exécution qu'elle atteint une grande richesse ; elle est d'un caractère poignant, sans
déclamation.

Dans ce style qui est à lui, Carriès a laissé trace de ce que cette œuvre si
simple et si haute lui a coûté de peines : « Je travaille beaucoup en ce moment,
écrivait-il à Monsieur Ménard-Dorian, dans un petit atelier des environs, tout
près d'un charbonnier qui me sert de modèle.

« Je travaille à mon mineur en grand : je suis dans le puits, je mange du
charbon.

« Tant que j'aurai mon dit charbonnier en face de moi, à la lutte, à la lutte,
je serai inquiet, enragé, mauvais bougre, bouledogue (Lyonnais), loup, ours,
indécrottable, tout d'une pièce, méchant homme, hostile, malveillant, entêté,
obstiné, emporté, gueulard, et le reste.

« Je viendrai vous voir quand ce sera calme plat, quand je serai neutre, le
sourire aux lèvres caméliées par le farniente. »

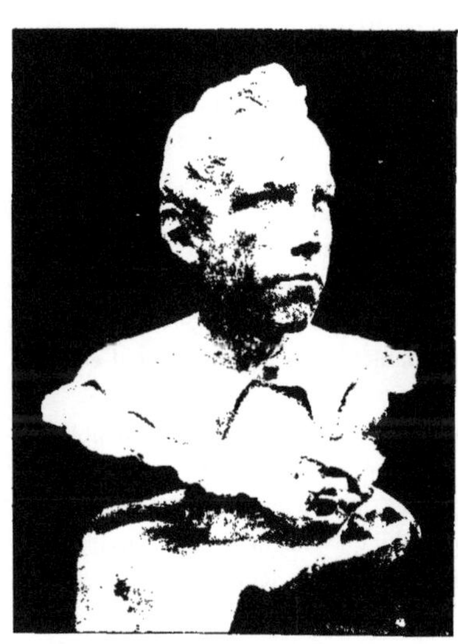

XXII

Le Buste de jeune garçon.

Des portraits proprement dits, il nous reste peu de chose à écrire après que nous avons en quelque sorte montré le mécanisme du *Jules Breton* et du *Gambetta,* indiqué les deux phases du travail : d'abord une consultation laborieuse et parfois même pénible de la nature, puis une exécution franche et joyeuse sur le thème trouvé, sur l'idée que l'artiste s'est faite définitivement du modèle. Aussi les portraits de Carriès sont-ils tous d'un très beau style, quoique certains s'éloignent de la ressemblance à force de fantaisie, et précisément à cause de la joie d'exécuter qui l'entraînait et le poussait peu à peu à l'interprétation et au décor. Tous demeurent des objets d'art, même quand ils cessent d'être des portraits".

C'est ce que Carriès exprimait dans un billet à propos d'un buste de

Mademoiselle Ménard-Dorian, buste qui lui avait donné les plus grandes peines et dont il avait écrit quelques jours avant : « Si vous ne le trouvez pas ressemblant comme un Carjat-Nadar, vous aurez néanmoins un objet d'art. »

Dans le second billet, il disait : « Armand Gouzien, avec sa bonne franchise habituelle, m'a causé, il y a trois ou quatre jours, du portrait de Mademoiselle Pauline, *raté*. J'espère bien que vous ne me parlerez plus jamais de ce four. J'en suis assez navré, quand j'y songe. Le diable, c'est que vous ne pouvez même pas jouir des qualités de cette besogne manquée, y voyant toujours les traits de Pauline *en raté*. Je me suis pourtant bougrement démanché, comme on dit, pour rien. C'est un coup manqué, tant pis pour moi. Voilà ! Maintenant, ne méprisez pas ce rien, et faites-moi la grâce de ne pas le monter au grenier. » En transcrivant ce mot, d'une tournure fière et aisée, mais dissimulant à peine une irritation et un dépit presque douloureux, ma pensée se reporte involontairement à la scène poignante et simple du petit soldat-sculpteur faisant voler en éclats le médaillon de Mademoiselle Miquel de Riu, où il avait mis tout son talent et tout son zèle, et que le père ne reconnaissait pas.

De toute façon, ce buste, comme les autres, vaut par la disposition, par la grâce de l'allure, la recherche de grandes lignes élégantes et calmes. L'arrangement est aussi un charme de plus dans le médaillon des trois petites-filles de Monsieur Villeroy, dans un certain nombre de portraits d'enfantelets en bas-relief. Ici une ressemblance sûre anime ces œuvres, ainsi que les portraits de *Vacquerie* et de *Gambetta*; le premier est grave et lumineux; le second est voulu dans une expression large et affable, dans un mouvement cordial et étoffé de politicien expansif.

Le portrait de *Jeune garçon*, Monsieur Ormond fils, fut-il ressemblant? Je l'ignore et je n'en ai cure, car c'est une œuvre d'une telle beauté de style et d'une telle finesse de travail que l'on n'a aucunement besoin de savoir si c'est un portrait. C'est un air admirable que la main de Carriès, cet archet, comme disait Pézieux, lui a joué pour son seul plaisir. Lorsqu'il l'eut achevé, non sans quelques vicissitudes et fugues du genre de celle que nous avons contée, il en confia le bronze à son tonneau à surprises. Mais ce bronze en sortit si beau, et Carriès était si enchanté de ce morceau, qu'il ne voulut plus s'en séparer. La patine, qui lui avait valu quelques menaces d'asphyxie, l'air de cette tête, tout ce qu'il y avait mis d'élégance et de force jeunes, le ravissaient. Il refusait de rendre son œuvre, et toutes les entremises affectueuses ou pressantes ne parvinrent que très difficilement, et comme

Le Buste de Baudin.

par surprise, à lui faire *donner* ce buste à la personne qui l'avait commandé.

De ces combats pénibles, énervants, avec la nature, qui accompagnèrent la création de quelques bustes, il ne faudrait pas conclure que Carriès ne pouvait pas se livrer à cette sorte de travail et en tirer d'excellents résultats. Il est vrai qu'avec une pareille nature, dans les occasions dont nous avons donné des exemples, l'imagination devenait infiniment plus ardente, plus impérieuse que l'application ; les appels du style et de la fantaisie étaient plus pressants que ceux de l'objet réel, d'où impatience et souffrance. Mais dans tels autres cas, soit lorsqu'un morceau l'intéressait par mille détails même, à exécuter le plus patiemment du monde, soit lorsque la circonstance était amusante et prêtait à un travail d'emportement et de verve, le portrait venait en parfaites conditions et demeurait un vrai portrait.

Comme exemples des portraits patients et finement détaillés et fouillés, ceux de Monsieur de Galhau et de Monsieur Villeroy peuvent être cités parmi les plus réussis. L'artiste s'est visiblement intéressé à telle conformation de crâne, à telle saillie de pommettes, à la façon dont tombe une moustache, dont un col et une ample cravate s'enroulent autour d'un cou amaigri. Quant aux portraits enlevés en quelques heures de verve, ils sont peu connus et plus nombreux qu'on ne penserait dans l'œuvre. Ce sont d'abord le médaillon du *Poète Rollinat,* que Carriès connut intimement, médaillon facile et élégant d'exécution et très intéressant de caractère, puis les quelques portraits de Lyonnais dont nous avons parlé, Monsieur Chauvet, Monsieur Bouveret, le curieux bas-relief du Chinois *Koho-Joui-Koui,* avec, entre autres, une exquise indication de main aux doigts pointus, le docteur Diday enfin.

La façon dont fut exécuté ce dernier portrait mérite d'être signalée, car elle fournit précisément une preuve que si Carriès avait une aversion prononcée pour le travail d'après nature dans les œuvres qu'il considérait plus particulièrement comme *siennes,* il avait, pour saisir la nature, au contraire de ce qui a été dit parfois, une grande facilité.

Monsieur le docteur Diday n'avait jamais voulu poser pour son portrait, que ses amis et ses parents tenaient pourtant fort à avoir. Carriès connaissait la sœur de Monsieur Diday, et un jour que le chirurgien vint à Paris on s'arrangea de façon que le sculpteur dînât avec lui, pût le bien observer, puis, après le repas, se dissimulât derrière une porte vitrée et commençât d'attaquer sur-le-champ, d'après le modèle inconscient, son croquis bas-relief en terre. Le portrait ainsi obtenu, outre qu'il est d'une belle allure, est certifié absolument dans le caractère du docteur Diday par ceux qui le connaissaient. Carriès y griffonna dans la terre fraîche cette sorte de curieuse dédicace : « Impression d'un homme qui m'a empoigné ! »

GAMBETTA

D'après le modèle original en plâtre.

Il faut rattacher à cela, comme dernière indication relative aux portraits, un détail sur une esquisse d'un buste de Rodin. Carriès, piqué par des propos sournois de confrères qui ne le connaissaient pas à fond, ou qui préféraient s'en tenir aux légendes les moins bienveillantes, dit pendant l'année de son expo-

Portrait en bas-relief du docteur Diday.

sition au Champ de Mars : « Je ferai le portrait de Rodin. Je veux qu'il me voie travailler ! » Le statuaire, invité par le potier, vint lui donner une séance, et, en une heure, Carriès eut ébauché le buste, avec une facilité et une sûreté qui surprirent le modèle, en même temps bon juge.

Le temps ne permit jamais à Carriès de reprendre le buste de Rodin, aussi ne l'avons nous pas reproduit. C'est une chose enlevée, très bien mise en place, tout à fait dans un certain caractère du modèle et un peu en charge, comme toute esquisse ressentie. Carriès avait obtenu d'ailleurs le résultat qui lui tenait le plus à cœur.

Malgré tout cela, on peut dire qu'il a toujours préféré faire, d'après sa propre pensée, des portraits dont les modèles n'existent pas.

XXIII

Ces portraits rêvés, vivant d'une vie supérieure, émanent de ce qu'il y eut de plus tendre et de plus délicat dans l'imagination de Carriès, dans son désir de beauté, et de plus élevé dans sa perception des êtres. Leur finesse à tous est extrême (Rodin a dit : « Le talent de Carriès est fin comme l'ambre »). Certains empruntent à la mort ce qu'elle présente d'intense douceur et de calme profond ; certains, au sourire ce qu'il a d'insaisissable et de mystérieux. Beaucoup, par instinct autant que par souvenir, sont d'une conception religieuse. « Travailler pieusement » était une expression chère à Carriès ; et à l'atelier, seul, dans l'enfièvrement même du travail plastique, il apportait vraiment l'âme naïve, mystique, d'un imagier du moyen âge.

Il retrouvait au plus profond de lui des échos de ces temps, des liens avec l'esprit de ces hommes, et, dans une de ces heures de causerie grave, où son émotion débordait de lui avec une éloquence saisissante, où son visage devenait d'une beauté... ! il jetait ce cri avec une énergie et un élan irrésistibles : « Moi, au fond, je n'aime que ce qui est Vieille-France ! »

Le mysticisme de Carriès ne saurait être considéré comme secondaire dans son œuvre. Il ne peut et ne doit être passé sous silence ; il était tout intérieur, non formulé dans le sens d'une pratique, d'un culte déterminé, ou même de ce que les philosophes appellent la religion naturelle. Infiniment subtil et discret, presque inconscient, il frôlait pour ainsi dire Carriès, se mêlait à ses méditations, à ses admirations et à ses inquiétudes, il se maté-

rialisait dans le travail de sa main, et donnait à ses œuvres cette espèce de
fleur, de frémissement de surnaturel, qui n'échappe point aux organisations
délicates, et que celles-ci respirent comme un parfum. Ces aspirations de
l'artiste étaient certainement le résultat persistant de l'éducation de l'enfant;
mais se transformant et se subtilisant par la maturité, par les épreuves de

Un masque.
Grès.

l'homme, par ses admirations et ses rencontres d'art, par ses lectures, par
sa passion pour ce qu'il avait rêvé et vu d'harmonieux, elles avaient pris une
essence rare, et comme une patine précieuse et cachée. Or, elles suivaient
le même chemin que les préoccupations dominantes de Carriès, sa passion
absorbante, exclusive, et prenaient une forme spéciale : elles se ramenaient
toutes à l'art, dans lequel elles venaient se fondre.

L'organisation admirable de tout l'homme, les facultés exceptionnelles
de l'œil et de la main ne sauraient ici tout expliquer. Autrement, il faudrait
prendre Carriès comme n'étant rien autre qu'un surprenant metteur en

œuvre de la matière, un virtuose comme il s'en rencontre infiniment peu. Ce serait déjà fort rare et fort beau, et l'*artisan* parfait qu'il voulut être et qu'il fût demeurerait d'un grand exemple. Mais, en condamnant votre admiration à demeurer fixée sur les beautés de matière, vous vous exposeriez à ne

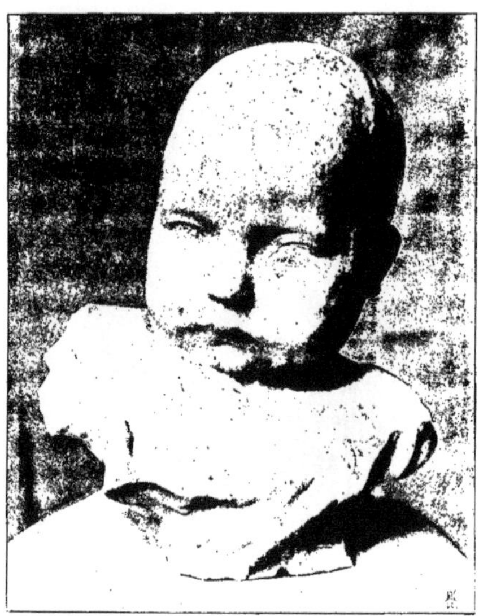

Le Bébé pensif.

point apprécier avec toute la force qu'il faut les beautés de sensibilité qui dominent encore et animent les autres, et firent de Carriès un être différent du commun, aux séductions un peu mystérieuses, plus puissantes que celles de la seule habileté.

Bien que sa pensée fût robuste, d'une grande lucidité et d'une grande logique, son art n'est point ce qu'on appelle avec sérieux en ce temps-ci « un art de penseur ». Cet art-là, forcément, a quelque chose de systématique, de carré, d'un peu brutal : il procède de qualités explicites, positives, et fait appel avant tout au bon sens. L'art de sensibilité, qui est essentiellement celui de Carriès, est quelque chose de plus fin, de plus volatil et de plus envahissant. Il va chercher son charme au delà des sciences naturelles. Il trouble !

Ce n'est point par un simple caprice de fantaisiste que de nombreuses œuvres de Carriès accusent une inspiration religieuse très générale, très large, poétique en quelque sorte, mais d'une très intense finesse. Ce n'est pas non plus un simple accessoire pittoresque que la petite croix placée par lui, en relief à peine sensible, dissimulée dans un coin replié, intime, de beaucoup de ses bustes. Elle n'ajoute rien à l'effet d'ensemble ni à la signification du détail ; et elle se rencontre dans des œuvres trop nombreuses, et surtout trop différentes, pour n'être pas le signe d'une hantise encore plus que d'un caprice.

Elle est fixée à la collerette des *Bébés* ; elle se confond avec les longs cheveux, les dentelles et les fourrures qui encadrent la pâle tête de *Charles Ier* ; jetée sur l'armure du *Guerrier* au visage implacablement résolu, on la découvre même au col de la *Femme de Hollande*, comme une instinctive signature. Carriès enfin portait cette petite croix sur sa propre chair ; et elle ne le quittait pas plus que le portrait de cette mère qu'il n'a point connue, dont il a recréé l'image d'une si troublante pureté de lignes, et dont le souvenir l'a toujours obstinément, doucement et tristement visité.

Carriès dans sa solitude a ressenti des frissons de surnaturel et les a fait passer dans son œuvre. Le lien mystique apparaît par la seule énumération de ses sujets, depuis les œuvres de la période que nous achevons d'examiner : la *Tête de Christ*, le charmant et pur *Saint Louis enfant*, la *Religieuse*, la *Novice*, le *Moine*, l'*Evêque*, jusqu'à celles qu'il entreprit dans la dernière année de sa vie, où il mit, peut-être, le plus de passion et d'espoir, et qui furent la statue d'un martyr et le buste d'une religieuse.

Cette forte et légère impression de surnaturel ou plutôt d'extra-naturel est aussi bien dans les œuvres ou règne la douceur de mort, par exemple le *Profil de la mère* ou la tête de *Charles Ier*, que dans celles qui s'illuminent de vie et de sourire, la *Hollandaise* et la *Loyse Labé*. Ceux qui, même parmi les artistes, ne goûtent l'art que d'une façon grossière et sommaire (surtout parmi les artistes mêmes, quelquefois), ou ceux qui n'avaient point assisté,

comme certains amis très peu nombreux, au travail infiniment lent, patient
et délicat, grâce auquel Carriès obtint le *Charles Ier* dans son inquiétante

Tête de Christ.
Plâtre.

finesse de détail, ricanèrent que cet art était « morbide ». Il suffit de dire
du *Charles Ier*, sans chercher à le discuter, à vouloir l'imposer ou l'expliquer
à ceux qui ne le sentiraient pas, que c'est une des œuvres les plus nobles et
les plus délicates de l'art moderne, et peut-être, de toutes, celle qui a la plus
grande finesse. C'est l'évocation, en art, dans ce qu'elle a de supérieur à la
stricte documentation, et Carriès, en ressentant ainsi l'histoire d'une aristo-

cratie et d'une souffrance, est allé, tout en demeurant un sculpteur prestigieux et pur, jusqu'aux extrêmes limites de la statuaire.

De même, en le *Vélasquez*, ce n'est pas une reconstitution matérielle, physique, qu'il faut goûter, mais bien l'idée que se fit un être nerveux, une imagination fine et sauvage, d'un des maîtres en qui s'incarnent les suprêmes qualités de distinction, d'aisance et de fierté. Il n'y a pas de morceau plus simple dans l'œuvre de Carriès : l'accoutrement n'est autre que d'un petit col et d'un pourpoint également unis, ce pourpoint tombant droit et souple sur la poitrine, sans un joyau, sans une apparente recherche d'élégance. La tête est encadrée de longs cheveux lisses et tombants, relevée de moustaches et de barbiche, légèrement tournée dans un mouvement de cou d'un inappréciable dédain ; tête un peu amaigrie, très finement ravagée, et sur laquelle se répand un grand air de gravité. Tout cela sans un accent forcé, juste comme tout doit être, portrait volontairement éloigné des documents authentiques que Carriès n'ignora certes pas, portrait qui n'a rien d'un pastiche, mais tout d'un acte d'intelligence et d'hommage. Pour en compléter la saveur, Carriès a rehaussé le bronze d'une patine également grave, un peu triste, d'un vert noirâtre, dans lequel passe et repasse un ton noir.

Dans l'élégance féminine souriante, la *Loyse Labé* est ce que le *Charles Ier* est dans l'élégance douloureuse, et le *Vélasquez* dans l'élégance hautaine. La belle robe de la poétesse, cette coiffe qui s'effile en sorte de mitre sont de l'arrangement le plus trouvé et le plus attrayant. Le sourire qui éclaire ces grands yeux fins et malins, ces joues rondes et fermes, ces lèvres fraîches et comme d'une matière de fruit, est à la fois nuancé de douceur, de fierté, et d'imperceptible espièglerie. On ne saurait plus longuement analyser ce beau buste sans tomber dans le littéraire inutile.

Comme œuvres de joie viennent encore le *Frans Hals* et la *Femme de Hollande*, sœur plus placide et moins affinée de la *Loyse,* mais belle justement de calme et de santé candide. Déjà naguère, dans le buste de *Courbet,* Carriès s'était essayé à représenter la force tranquille; mais il y avait mis aussi une expression concentrée, un peu dramatique et tournée vers le bas. Cette idée de robustesse lui revient plusieurs années après et n'arrive à son plein épanouissement que dans le *Hals*, qui est une œuvre de face, toute vermeille et toute cordiale. La bonne humeur de ce visage barbu et vaillamment nourri, cet attirail

LOYSE LABÉ

Bronze à cire perduc.

étoffé et de riche goût, pourpoint et vaste collerette, dépeignent un tout autre personnage que le *Vélasquez*, mais presque aussi seigneurial, et la communicative gaieté qui triomphe ici se complique et s'aiguise pourtant de belle finesse et raillardise.

Telle était d'ailleurs, avec les douloureuses différences de santé et de nerfs, la gaieté de Carriès même. Elle avait quelque chose d'entraînant, d'énorme parfois, mais avec une pointe de grâce et de distinction. Il ressentait toutes ces nuances en lui, de nobles visées et de cruelles souffrances, de morgue et de tendresse, et c'est lui-même qu'il racontait dans tous ces élégants ou dramatiques prétextes.

Cela aussi, outre les dessous mystérieux que nous essayons d'entrevoir, peut aider à faire comprendre pourquoi nous avons dit, avec insistance, que ses grands bustes, ses grands rêves fantaisistes et sentimentaux, ont un caractère, avant tout, d'*Évocation*.

XXIV

« J'ai arrêté mon gîte du boulevard Arago ;
c'est au diable, un vrai cloître comme gaieté.
Mon Dieu, cela ne me privera pas beaucoup,
n'étant gai en somme que superficiellement.
Mais ce qui me privera, c'est de ne pas pouvoir aller vous voir le dimanche soir (dans
l'avenir, jamais ; je de-
meure vraiment trop loin,
et c'est pas drôle la nuit
par ici).

« Maintenant, il ne
faut pas que je me laisse
aller à une existence *mon-
daine*. Cela ne convient
ni à mon caractère, ni à
mon éducation, ni à mes
souvenirs d'enfant. Le
meilleur moyen de ne pas
se créer de besoins, c'est

Masques de rire et masque de Carriès criant.

de se rappeler sa condition. Mon père était cordonnier, ma mère a été cuisi-
nière, domestique, mes frères forgerons ; moi, je dois rester ouvrier, imagier.

Sinon, je serais un fouinard, malin, genre...., causant anatomie dans le monde,
comme un vrai scalpel de professeur. J'ai honte en pensant que j'ai été farceur
comme..... le boueux, l'homme au travail sale et matériel. Zut! n'en faut plus.

« Je rentre dans le sillon, à faire le bœuf. Vive l'écurie, la nature, avec
des gens bêtes, simples et sains! » (Lettre à Madame Ménard-Dorian
en 1888.)

XXV

Ici commence la période vraiment douloureuse de la vie et de l'œuvre de
Carriès. Il entre dans une série de recherches et d'efforts qui le tiennent perpétuellement enfiévré et haletant. C'est un long et admirable suicide : il se
donne volontairement au feu, et s'y brûle jusqu'aux os.

L'on a été peut-être frappé de ce passage d'une lettre où il dit que s'il ne
peut plus faire de beaux bronzes, il se fera potier. Il est certain qu'à un
moment déterminé, il a voulu échapper au bronze. Lui échapper complètement? Sans doute c'était impossible, car le bronze demeurait pour lui une précieuse ressource et pouvait lui donner encore des joies avec d'autres œuvres.
Mais il avait dépensé sur le bronze sa plus grande somme de passion, et il a eu
besoin alors d'une passion nouvelle.

C'est en 1888 que s'est nettement déclarée cette résolution, mais elle avait
été préparée par un travail latent, lointain et, sans remonter à ses rudimentaires
essais de terre cuite à Montauban, ni même tenir compte de son séjour à
Wallerfangen et à Mettlach, où l'industrie céramique sembla le laisser indif-
férent. Lors de l'Exposition universelle de 1878, la section d'art japonais le
saisit tout particulièrement, et la poterie entre les autres objets. Il y revint fréquemment, avec enthousiasme, avec une inquiète curiosité, en parla, y repensa
souvent[10]. Il chercha à en revoir dans des collections particulières, à en tenir
des spécimens entre les mains, à les examiner et à les discuter avec des
amis, notamment avec Grasset, camarade déjà d'assez longue date, depuis les

16

premières années de la rue Boissonnade, et dont il consultait avec une considération spéciale le savoir étendu et le goût sévère.

Les petits pots à thé, de Seto, qui sont d'un émail brun sombre, condensé même jusqu'au noir, et qui, au toucher, donnent une sensation caressante, onctueuse, comme une cosse de châtaigne, comme une enveloppe de fruit, le hantaient surtout. Il rêvait de faire des choses comme cela, mais avec quelques différences pourtant, trouvant les émaux japonais, malgré leur harmonie, encore trop vitrifiés, trop luisants pour son œil épris de tons mats, de polis apaisés, et tels qu'il les avait toujours poursuivis dans les patines de ses plâtres et de ses bronzes. Cette obsession revenait dans ses entretiens, dans ses lettres mêmes : « J'ai la marotte maintenant de faire des grès mats, avec émail, mais toujours mats. Tout ça me trotte par la tête, mais ne me lâche pas. Je voudrais bien pourtant être tranquille partout! »

L'utilisation lui apparaissait en même temps que la séduction de la matière le prenait. L'attraction d'un travail nouveau et difficile, le désir, la possibilité entrevue de faire grand, la fascination étrange, mais réelle, qu'exerce le feu sur presque tous les artisans illustres, n'étaient pas les seules choses à le déterminer, bien qu'on puisse considérer qu'elles primaient tout. Chez Carriès, à côté de l'esprit enthousiaste, il y a l'esprit observateur, l'esprit pratique qui ne l'abandonne jamais absolument. Les bronzes de fonte unique, de patine recherchée, étaient des objets de lent effort, de réussite périlleuse, de prix considérable, de placement restreint et difficile. Avec l'art de terre, au contraire, avec le grès émaillé, il pourrait faire un jour des objets exceptionnels, ne devant jamais avoir un caractère d'industrie courante; de matière assez peu coûteuse pour être vendus beaucoup moins cher, mais nécessitant des frais de réalisation assez lourds, des inventions assez rares et des labeurs assez durs pour justifier encore des prix relativement très élevés, enfin des objets pouvant être répandus plus largement, et tout cela sans compter la variété extraordinaire des surprises que donnent les sortilèges du feu, et dont Carriès avait eu tout de suite le pressentiment.

Quand toutes ces idées l'eurent bien tourmenté et furent arrivées à un certain point de netteté après cette lente incubation, le besoin de les réaliser éclata impérieux et brusque, pendant l'exposition même de la rue de la Faisanderie.

Quelques pots, gourdes et essais.

« Remontre-moi un peu ces petits pots à thé, vint-il dire un matin à Grasset. » Et, après les avoir regardés : « Décidément, je vais me lancer là dedans. Où trouve-t-on la matière de ça ?

— Mais dans différentes régions, dit Grasset, à Fontainebleau, par exemple. Ailleurs encore. Au surplus, nous demanderons à notre camarade Limet, qui est très industrieux et connaît beaucoup de ces choses-là. »

Jean Limet avait connu Carriès de longue date (nous l'avons, dès 1879, vu parmi les habitués de la pension Cottenet). Il avait travaillé avec lui, mais jamais l'occasion ne s'était présentée de causer entre eux de matières céramiques. On cherche Limet, on le rencontre ; Carriès lui demande à son tour impatiemment :

« Où trouve-t-on la matière de ces pots ?

— Chez moi, répond simplement Limet à Carriès, qui bondit de surprise.

— Allons-y. Partons. Tout de suite ! Non, pas demain ; tout de suite. » Carriès est pressant, impérieux, suppliant comme le grand enfant qu'il était.

Il n'a de cesse qu'il n'arrache à Limet la promesse de partir le soir même, et, en effet, Limet emmène Carriès à Cosne, dans le vieux pays nivernais, en pleine et antique contrée de poterie rustique, de matières humbles, usuelles, inaperçues, et dont Carriès, avec son sens supérieur de l'emploi, devait trouver des applications raffinées.

Il est juste, à ce propos, de signaler la modestie et le dévouement de Jean Limet, qui aida Carriès dans sa découverte d'un art qu'il avait intrépidement abordé sans connaître le premier mot de sa technique. Il lui fit visiter le pays, les ateliers des potiers, lui indiqua les matières dont on dispose dans la Nièvre, les terres très abondantes, les émaux très primitifs et très peu nombreux ; enfin, il fit mettre à sa disposition l'outillage dont on pouvait se servir à fins de poteries dans l'usine métallurgique de Monsieur Limet père. Carriès, malgré la légende. n'a jamais mis le pied ni travaillé à Fontainebleau.

Les premiers émaux essayés furent à base de fer. On obtient la trempe des limes fabriquées à Cosne en les immergeant dans du plomb en fusion. Parfois les creusets qui contiennent ce plomb se brisent et le laissent se répandre sur les briques qui pavent le sol. Ces briques sont à la longue imprégnées de plomb ; de leur nature elles sont très chargées de fer. On en prit quelques-unes et on les broya, et ce fut l'émail des premières pièces. Le tout premier essai réussi fut un petit masque : celui de la figurine d'homme barbu, près de laquelle se tient Carriès dans la photographie de son atelier.

Des rouges de fer et des noirs de fer furent également obtenus pour quelques petits pots et bols, dont il n'existe sans doute guère plus d'une demi-douzaine de spécimens, sans marque ni signature. Dès les premiers essais, Carriès se tint éloigné des émaux vitreux. Il recherchai ces émaux absolument mats, qui sont en réalité un verre louche et terreux, mais qui devient au toucher d'une douceur, d'une finesse et d'une onctuosité extrêmement sobres et caressantes, et qui est susceptible de produire au regard des impressions très harmonieuses, en des tons très rompus.

Ces émaux d'une matité parfaite sont une engobe terreuse : l'émail contient une proportion de la terre même dont est composée la pièce. Pour les tons brunâtres, on prend une terre plutôt ferrugineuse ; pour les tons grisâtres tirant sur le blanc, on prend une terre plutôt alumineuse. Voilà tous les grands secrets des premières poteries de Carriès. Tous les potiers connaissent cet A B C, mais le génie de Carriès a été d'en tirer ce que pas un d'eux n'en a tiré, et ce que les autres ne pourront plus refaire qu'en tombant dans l'imitation, c'est-à-dire dans un travail sans valeur. Encore leur manquera-t-il le discernement et la volonté de l'artiste pour pousser les travaux dans un sens déterminé, et pour les arrêter juste au point qu'il faut avec un tact et une décision qui constituent précisément le mystère d'art. Là est le seul secret ; tous les autres ne sont rien.

Pour la matière première, elle est dans ce pays avec une générosité qui ne paraît pas près de s'épuiser, comme on en jugera par ces simples chiffres : un chimiste de Sèvres, Berthier, explora le banc qui s'étend de Saint-Amand-en-Puisaye (où se fixa Carriès) jusqu'à Traigny dans l'Yonne; il évalua sa longueur à quinze lieues et son épaisseur, par places, à quatre-vingts mètres.

Carriès a donc pu écrire : « Je suis ici pour la terre, voilà tout ». Quant au reste, il aurait pu le faire partout ailleurs, et loin d'avoir, comme on l'a écrit parfois dans les journaux, « surpris les secrets de fabrication des vieux potiers nivernais », sa passion et son instinct lui firent en peu de temps découvrir des centaines de secrets d'emploi dont ils ne s'étaient jamais doutés.

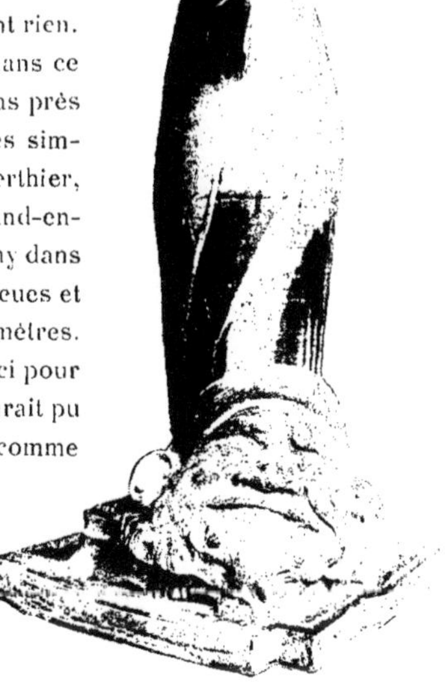

Grand cornet avec embase grotesque.

XXVI

Ce qui fait la beauté de l'entreprise de Carriès, c'est qu'il y jeta, corps et âme, avec autant d'intrépidité que de désintéressement, toutes ses forces et toutes ses ressources, sans savoir où il allait.

D'avance il sacrifiait, sans la moindre certitude de succès, les quelques milliers de francs que lui venait de rapporter l'exposition du mois d'avril, en cette année 1888.

Après les premiers essais de Cosne, il se logeait à l'hôtel du Coq d'Or, à Saint-Amand, et demeuré seul, livré à ses propres dé-

Grand seau avec têtes barbues, pots monstrueux, grenouille.

couvertes, sa vie était, à partir de ce moment, celle d'un chercheur errant par les routes, et, comme dit de lui-même Bernard Palissy, « d'un homme qui taste en ténèbres ». Il n'avait emporté avec lui, comme guides et manuels, qu'un volume Borel, le livre de Monsieur Lauth, et le rapport officiel sur la céramique japonaise à l'Exposition de 1878. J'ai vu cependant à Saint-Amand, en 1891, une traduction du vénérable livre de Picolpasso, le céramiste de Castel-Durante, *Li tre libri dell'arte del vasaïo* (1548). Mais cela peut d'autant plus passer pour un luxe que ce livre est un traité de la faïence, et que Carriès n'a jamais songé à cette matière pas plus qu'à faire de la porcelaine de Chine ou de Saxe, exclusivement adonné au grès qu'il disait « le mâle de la porcelaine ».

Au surplus, tout ouvrage de science sèche et rigoureuse était pareillement un luxe pour lui, car il ne pouvait s'astreindre ni à lire une formule chimique, ni, s'il l'avait lue, à la suivre. « Je sais de la chimie plus que je n'ai besoin d'en savoir, disait-il fièrement, et plus que les chimistes ne m'en indiqueraient pour ce que je veux faire. » Toutefois, des trois ouvrages cités, le rapport de 1878 lui donna du moins une indication qui le frappa et lui servit à fond dans ses premiers essais : il lut que les Japonais se servaient beaucoup de cendres de bois lavées et mêlées à leurs émaux. Ses premières et ses plus pures pièces, grisâtres, douces, sobres de couleur, fines et serrées, d'onctueux émail, de formes bossuées, appartiennent à ce que l'on peut appeler dans son œuvre la famille des *Cendres*.

En même temps, son inquiétude, sa fièvre de savoir et de deviner, son avidité de trouver, de faire jaillir fortuitement d'une rencontre, d'un caprice, quelque surprenante trouvaille, le font se livrer empiriquement à toutes sortes d'idées, dont quelques-unes sont ingénieuses et saisissantes. Il recourt aux oxydes métalliques et obtient quelques flammés, notamment un très beau bleu de cuivre avec des mouchetures et des nuages grisâtres, provenant de retombées des cendres en suspension dans le four, une pièce à peu près unique et qu'il ne peut refaire. Il prie Monsieur Ménard-Dorian de lui faire broyer de la lave et de la lui expédier sans délai. Il a remarqué que, dans les immenses fours de la Nièvre, la vitrification partielle des briques de revêtement a donné de grandes coulées éclatantes ; il fait détacher de ces coulées et les pulvériser pour servir en guise d'émail. Lorsqu'il se promène par les chemins, s'il rencontre un caillou dont le ton l'arrête, évoque la possibilité d'une

FRANS HALS

Bronze à cire perdue.

harmonie analogue, il ramasse le caillou et le fera broyer pour un essai encore.

Les potiers de Saint-Amand, moitié paysans, moitié ouvriers, taciturnes, de sens pratique, d'esprit malin et rassis, auxquels il donne à cuire dans leurs fours ces espèces d'émaillages inaccoutumés, sur des pièces sans usage appréciable et de formes bizarres, le servent mal et avec une indifférence un peu

Masque de rire.

hostile. Ils n'ont pas grande certitude que cet homme ait toute sa raison, ou qu'il ne veuille pas les mystifier dans un but qu'ils ignorent.

Carriès les prend, les enjôle, va avec l'un d'eux jusqu'à des promesses d'association, de collaboration, qui plus tard auront pour épilogue un procès. Il est roulé par eux tous, comme l'est toujours fatalement l'homme de la ville par l'homme de la terre. Mais il a ce qu'il veut : peu à peu il commence à voir clair, à savoir où il va. C'est donc, à tout prendre, le volé qui est le vainqueur. L'Observateur gagne la partie sur le Rusé.

Cette conquête d'une certitude, cette assimilation par haute lutte se font jour dans ses lettres à Madame Ménard-Dorian et éclatent peu à peu en confidences joyeuses :

« C'est à Saint-Amand-en-Puisaye (Nièvre) que je retourne définitivement m'installer potier. La pâte y est bonne, chargée en silice, peu chargée en fer et absente de porosités, etc., etc. La matière première, c'est tout, presque tout.

« Je potasse encore ici, jusqu'à vendredi ou samedi. J'emporterai avec moi les choses les plus indispensables comme outillage. Là-bas, je verrai sur place.

« D'ailleurs, j'ai maintenant sur toutes ces choses des idées absolument personnelles, sans pourtant me faire trop d'illusions. Je m'attends à beaucoup de déboires et de tristesses. Qu'importe? j'aurai toujours des compensations...

« Je suis inquiet ici, ma tête étant bourrée de choses mal classées, encore confuses. J'ai pensé beaucoup sans rien toucher du doigt. »

Dans une autre lettre : « Je suis venu ici de mon manoir, — car j'ai maintenant un manoir, — prendre le train à Cosne pour Paris, où je vais retoucher une cire pressée.

« Là-bas, dans mon Morvandio perdu, je n'avais ni plumes, ni encre... J'ai eu bien du mal pour trouver à me caser là-bas, perdu, très loin, bien loin, où les indigènes sont rosses et voleurs, jean-foutres, bons à rien, etc., etc. Mais j'y suis pour la terre, voilà tout!

« Mais si, pendant mon mois d'août, j'ai été volé, salé, exploité constamment sans pouvoir faire autrement, d'un autre côté j'ai vu, causé, fait causer, regardé, analysé beaucoup de choses. Je suis armé d'un mois de plus, c'est beaucoup. Il faut toujours pour faire n'importe quoi du temps, *beaucoup de temps*, et payer de sa personne. La patience est une force lente, mais sûre. *J'y crois. Il faut avoir en tout la foi.* »

Autre, plus expansive, plus affirmative du succès : « Ma chère amie, merci de votre petit mot d'hier, dans ma solitude me rend heureux. J'ai encore deux essais à cuire avant de rentrer à Paris, et je suis tenace.

« *Bon Dieu, je ne lâcherai pas!* Je travaille ici réellement depuis deux mois, depuis deux mois *seulement*, et *encore sans outillage aucun*.

« Je vous écrirai d'ici, avant de rentrer à la Faisanderie, une longue lettre au détail de tout ce qu'il m'a fallu faire pour arriver à trouver ce que j'ai trouvé en trois mois de temps, ne sachant rien, rien de la céramique, ni de chimie cérame, avant de venir ici. Qu'il me suffise de vous dire que je suis en *plein dans le mille*. Ma parole, je crois qu'il y a en moi une vieille *âme de Chinois*. Avoir une observation forte et sûre, avoir une volonté d'acier à tête de bœuf *chromé*. Savoir ce que l'on veut, avoir d'avance une vision nette, claire, simple, du but à atteindre. Savoir se juger. Ajouter à cela un jugement sain, plein de santé, *avec un peu de bêtise même,* pour ne point tomber dans la quintessence subtile des esprits décadents, et voilà, c'est tout bête. Je vous expliquerai en détail, dans quelque temps, ce qu'il m'a fallu remuer, piler, cogner, gratter, etc., etc. »

Enfin, datée du samedi 2 février 1889, cette lettre, tout à fait un bulletin de victoire : « Je suis rentré depuis trois jours ; j'ai rapporté avec moi 350 essais de colorations, à moi, bien à moi. Je refile mercredi chercher 125 pièces qui se défournent à Saint-Amand jeudi matin. J'ai, dans cette fournée impatiemment attendue, 40 pièces sculptées et émaillées. Je crois avoir découvert les émaux mats. Je le crois absolument, et j'affirme même pour la deuxième fois.

« Je suis arrivé à Saint-Amand le 7 octobre. J'ai dû m'installer dans une grange. Cela m'a pris un mois et demi ; il m'est donc resté deux mois et demi pour faire tout ce que j'ai réussi et exécuté, ce qui n'est pas trop mal pour un homme qui ne connaissait pas un mot de céramique il y a 4 mois, *n'ayant* aucun fonds d'argent, et comme outillage, NUL. J'ai tout fait avec RIEN. RIEN ! Seulement une gueule de *bouledogue*. Je n'ai pas déragé de 2 mois, à tel point que je ne puis plus me regarder dans une glace tant j'ai pris la tête d'un mauvais bougre.

« C'est égal, si on a tenu compte à des potiers — de choix — de s'être obstiné 17 ans, on me tiendra bien compte d'avoir été heureux de trouver en 2 mois 1/2.

« Si vous pouvez venir avant que je reparte, venez : dans tous les cas, à la fin de la semaine, vous verrez toute la collection, près de 500 pièces ; il y en a 1 pour vous que j'ai religieusement mise dans une petite housse de soie.

« Il me semble par moments que je sors d'un rêve. Mais non, c'est la réalité, vrai, bien vrai. »

XXVII

Une observation profonde, une volonté désespérée, telles ont été les armes qui ont fait triompher Carriès, en si peu de temps, dans sa lutte avec une matière nouvelle. Puis, pour guide et pour auxiliaire précieux, son instinct d'art essentiellement raffiné. La matière, en effet, il la trouvait toute faite dans la Nièvre. C'était celle du pot à beurre ou du pot à bouillon qu'on fabrique là et qu'on vend en quantités sur le marché. Mais de cette matière il trouvait des emplois imprévus. Il en variait les ressources avec une verve inassouvie; il la complétait par des trouvailles qui sont un rien et qui sont tout; il la transformait par l'incomparable tour de main qui a toujours été son véritable secret.

Son instinct le porte à faire tout à rebours, à changer brusquement, sans raison apparente, les procédés séculaires qu'il voit pratiquer à Saint-Amand, à se

Masque de vieillard souriant.

servir des fours de toute autre manière que les potiers, qui considèrent ces
façons comme des sottises d'homme qui ne connaît pas le métier ou comme
des extravagances et des amusettes de Parisien. Mais, en même temps, cet
instinct puissant et heureux lui fait observer attentivement les effets, les résultats, et à faire son choix là dedans avec une décision et un bonheur extraordi-
naires, qui sont tous dans le coup d'œil.

Puis, il y a toujours aussi la petite et troublante part du surnaturel, de la
révélation, qui accompagne Carriès et le sert autant que ses facultés les plus
pratiques, donne à ses œuvres, même à un simple pot, l'accent sauvage et
mordant de toute sa personne. Ici, cette part d'inspiration presque religieuse,
c'est dans le *Feu* que Carriès la cherche. Il attache une importance extrême,
presque inexplicable pour lui-même, qui le fait parler bas et avec émotion
quand il les décrit, au feu et à ses léchements. Il vous saisit quand il vous
parle de la flamme qui lèche, lèche, les pots dans le four, et qui transforme
l'âpre terre, les émaux mêlés de cendres ou d'éléments de rencontre, en une
matière de fruit. Ce n'est en apparence qu'une superstition de poète, mais elle
se trouve scientifiquement confirmée par ces faits : que la poterie prend un
aspect bien différent si elle est en contact immédiat avec la flamme, ou si elle
en est préservée par une casette, que les mêmes émaux enfin diffèrent dans
leur coloration et dans leur nature même selon les différentes essences de bois
que l'on brûle.

Ces choses-là lui ont causé de grandes angoisses et de grands saisissements,
des peurs et des joies. Il regarde autour de lui et voit qu'il s'est donné là un
collaborateur terrible, qui ne sera pas commode à dompter, qui le dévorera
lui-même peut-être, et contre lequel il faut employer ses propres moyens, la
ruse et la surprise. Mais le sort est jeté, et d'ailleurs le chercheur est dans
l'enivrement des premiers résultats.

Il expose donc chez lui, boulevard Arago, au début de 1889, ces témoins
tout à fait superbes et inespérés de sa première campagne de feu. Dans ce
petit atelier, de nombreux artistes et collectionneurs viennent voir et demeurent
surpris. Entre autres visiteurs se trouve un jour le peintre John Sargent.
Il parle avec enthousiasme des grès de Carriès, de leur étrangeté, de leur
nouveauté, chez Madame la princesse de Scey-Montbéliard, née Winaretta
Singer; un rendez-vous est pris pour voir les pots et le potier. Carriès est

admirable de confiance, d'ardeur, d'éloquence : il parle de grands projets,
de pièces énormes en céramique émaillée qu'il est maintenant sûr d'exécuter,
des choses qui seront à la fois harmonieuses et fantastiques, raffinées et
barbares.

Ce qu'il a dit ce jour-là, ce n'était pas un rêve improvisé. Dès ses premières
réussites, il avait entrevu les grandes applications ornementales et architec-
turales de ses grès, avec les harmonies qui lui étaient chères. Sa pensée même
d'apporter de nouvelles idées, de nouveaux éléments dans la décoration est

Choix dans la série des gourdes.

impliquée dans tout son art, dans toutes ses œuvres antérieures ; rappelez-
vous aussi le petit conscrit artiste parcourant, avec le colonel Miquel de Riu,
les rues de Lyon, s'irritant à la vue des sculptures de mauvais goût et de
grossière exécution qui signalent certaines riches maisons, rêvant de jeter
un jour cela à bas. Si, d'autre part, l'occasion ne s'était pas ainsi présentée
d'appliquer ses idées aussitôt ses moyens trouvés, il en aurait cherché une
autre, dix autres, avec son habileté et sa patience. Peut-être aurait-il entrepris
autre chose à ses propres frais, en moins grandiose d'abord, mais en moins
accablant ; en moins périlleux, mais en aussi glorieux. Enfin la mort ne serait
pas venue si vite.

Quoi qu'il en soit, des entrevues encore eurent lieu. On examina à grands
traits le principe d'une grande porte sculptée et émaillée. Sur les désirs de

Carriès, Grasset dessina une maquette pour la construction générale. Après des devis sommaires, la commande fut confiée au potier, pour une somme de soixante mille francs, en partie payable par avances, qui devaient être un fagot dans le feu.

Vous avez entendu tout à l'heure les cris de triomphe : bientôt vous entendrez les longs cris de détresse et de douleur.

FEMME DE HOLLANDE, DITE AUSSI MADAME HALS

Bronze à cire perdue.

XXVIII

Pot-baril avec tête rustique.

Cette dernière et poignante étape, c'est Carriès qui vous la racontera lui-même presque tout entière. Nous n'aurons plus qu'à transcrire avec quelques brèves et nécessaires explications. Mais avant, nous devons rassembler de nouveau tous les traits épars qui permettent de présenter en pied, de compléter et d'accentuer le portrait de l'homme parvenu à la pleine possession de lui-même et à sa plus parfaite expression.

A ce moment, à force de volonté et soutenu par une besogne magnifique qui le stimule sans qu'il en ait encore pressenti à fond toute la cruauté, Jean Carriès (il adopta décidément ce prénom vers 1891, entre les premières poteries et les premiers travaux de la porte) présente un aspect de résolution et de joie. Ce qu'il y avait de doux et de rêveur dans son expression s'est tourné en fierté et en méditation réfléchie. Le visage est alors d'une grande beauté. La barbe est plus fournie et d'un ton plus chaud ; les yeux, sauf quand une gaieté, un soudain éclat de fantaisie des anciens jours les fait redevenir heureux, rieurs, enfantins dans ce mâle visage, ont maintenant une fixité plus sombre, et le regard en est parfois, pour de longs moments, comme tourné vers l'intérieur. La tête portée droite, les épaules dont il s'efforce d'accentuer l'effacement et la carrure, comme pour se bien prouver à lui-même sa vigueur[1], ont une allure d'attention et d'une décision nuancée d'un peu de défi. Mais tout cela avec beaucoup d'aisance et de souplesse, une délicatesse comme féminine, dans les minutes d'abandon.

Plus d'un vieux camarade de Carriès, en voyant chez cet homme de trente-cinq ans cet aspect de plénitude et d'énergie, et se rappelant par contre le jeune homme souffreteux et chétif, a pu croire alors qu'il s'était transformé, qu'il avait fait un vrai et durable pacte avec la vie. Cependant, la pâleur, quoique moins inquiétante, persistait, et, dans toute cette vigueur trompeuse, le cou était demeuré frêle et délicat, aisément contracté à la moindre émotion, animé de mouvements fins, distingués, où se portait et se révélait la sensibilité extrême qui se mêlait à toute cette volonté.

Une grande finesse était répandue sur ce qu'il y avait de farouche dans l'expression dominante. Une certaine nonchalance un peu voulue, et comme entretenue exprès par Carriès pour laisser quelque jeu à ses nerfs perpétuellement tendus, accompagnait aussi d'une façon très particulière sa force d'action et de pénétration. Aussi, quand il entrait dans quelque endroit nouveau, on rencontrait une personne qu'il ne connaissait pas encore, il saisissait l'ensemble et les détails avec une compréhension complète et prompte, sans paraître avoir rien regardé. Cette prise de possession, cette vivacité et cette sûreté de jugement sur les êtres et sur les choses, était une de ses qualités les plus étonnantes. Elle explique la variété très grande de ses relations, ainsi que leur choix. Connaisseur d'hommes, par un don inné comme tous les autres, par un sens qui se ramenait encore étroitement à l'art, il pénétrait vivement et profondément dans votre intimité, vous charmant par l'intelligence qu'il avait d'une nuance de vous, d'une prédilection, d'une pensée secrète, de tout le passé, de tout l'effort et de toute l'aspiration d'une vie. Il mesurait d'un coup d'œil les services qu'il pouvait exiger et attendre, les affections sur lesquelles il pouvait se reposer, vous récompensant par un enveloppement, par un élan brusque et gracieux, par une belle et délicate surprise, un mot de souvenir envoyé de loin, une visite non attendue, au moment voulu, comme s'il eût deviné qu'à cette minute précise cela vous apporterait consolation ou plaisir.

L'originalité qu'il montrait ainsi dans le charme, il la déployait aussi, avec une certaine prodigalité, dans ce que son caractère et son esprit présentaient d'âpre et de mordant. Dans les conflits de tempérament ou d'intérêt, et surtout dans ceux où il pensait avoir à défendre sa personne artistique, ses tendances, les choses qui lui étaient chères, la sauvagerie reprenait le dessus avec l'intensité et la soudaineté d'une flambée; son besoin de mépris s'affirmait alors avec emportement, rendant sa voix stridente, abaissant les coins de ses lèvres. Il ne ménageait plus rien ni personne quand il s'échappait ainsi. Sa connaissance profonde des hommes, sa perception vive des ridicules, des fautes d'harmonie, rendaient ses sarcasmes redoutables. Le mot partait soudain, avec une justesse toute chargée d'âcreté, et dans une formule si imagée et si comique, que Carriès vous faisait éclater à l'unisson de son rire amer.

Mais ceux qui l'aimèrent bien et attentivement, comme il fallait l'aimer, c'est-à-dire pour lui et non pas pour eux-mêmes (ce qui eût été une imprudence), entendirent sou-

La Damoiselle.
Figurine en grès de la porte.

vent sonner une détresse dans cette violence, et un inconscient aveu de souffrances personnelles dans ses plus terribles méchancetés.

Lui, en effet, dont le travail était de douleur, de fine inquiétude, il s'en
prenait instinctivement de ses propres angoisses à ceux dont le travail est
imperturbable et d'une grossière santé, à ceux qui réalisent trop brutalement
et trop vite, qui arrivent trop facilement. Raffiné jusqu'au bout des nerfs,
passionné de choses harmonieuses, subtiles dans les détails, quoique sveltes
et fermes dans la construction, les choses criardes, inutilement tranchées,
mal achevées, lui faisaient horreur, l'exaspéraient par la réelle peine physique
qu'elles lui causaient. C'est pourquoi, même dans leur forme la plus féroce
et peut-être même parfois la plus injuste, ses jugements étaient toujours admirablement motivés. Pas une de ses haines n'était sans cause, bien que la nuance
qui les avait fait naître fût quelquefois assez délicate pour échapper à l'appréciation.

Cette subtilité de perception ne s'étendait pas seulement aux impressions
de la vue et du toucher très importantes chez lui, mais aussi aux impressions
de l'esprit et de l'ouïe. Son intelligence très souple, très alerte et très judi-
cieuse, qui par les dons d'assimilation avait toujours suppléé dès les jeunes
années aux lacunes, aux impatiences de l'éducation première, ne le rendait
pas moins sensible aux plus légères fautes d'harmonie dans les idées et
dans les mots qu'aux fautes contre la forme et contre la couleur. Il lui
suffisait d'entendre parler quelqu'un pour le juger sans rien connaître encore
de ses actes ou de ses œuvres. Une expression déplacée, une intervention ou
un jugement hors de propos, lui faisaient rayer définitivement un homme de
ceux par qui il pouvait se laisser aimer.

Notez pourtant que ses préférences et ses antipathies étaient multiples, et
qu'il ne se sentait pas moins attiré vers les êtres très simples, qui pensent et qui
sentent juste sans le savoir, que vers les très raffinés, habitués à tout raisonner
et à tout analyser en eux et autour d'eux. Au contraire, la simplicité le séduisait
avant tout; il s'y était exercé et acheminé volontairement pendant toute sa vie
et pendant tout son labeur, et autant, en lui-même, il était fuyant et compliqué
dans ce qu'il avait de travaillé, autant il était vraiment simple dans ce qu'il
avait d'instinctif et de subit. Ainsi à chaque instant de notre étude le retrouvons-
nous pareil à chacune de ses œuvres, c'est-à-dire de construction claire et

droite sur laquelle se joue une enveloppe à facettes, mouvante et précieuse.

Il est l'esclave de son œuvre, et son œuvre est l'écho de lui. Le besoin de créer et de réaliser le domine et l'absorbe tout entier, et l'on peut dire que cela fut la véritable et la plus impérieuse passion de sa vie. Il y a tout jeté, tout

Masques accolés, souriants.

sacrifié, tout fait contribuer. Ami vraiment séduisant pour quelques-uns, il ne fallait pas pourtant que ses amis les plus éprouvés et les plus rares fussent constamment à ses côtés; il valait mieux attendre qu'il vînt. De nature ardente et sensuelle, après des périodes de claustration, de formidables accès de travail, qui avaient endormi et annihilé chez lui les sens, il recherchait la femme, puis il la rejetait et la fuyait avec autant d'emportement, dès que la pensée de sa besogne le reprenait, c'est-à-dire tout de suite. Aussi les femmes qu'il disait véritablement aimer et estimer furent celles qui étaient franchement et seulement ses camarades [12].

Voilà à peu près, autant que les mots peuvent rendre de cela la fugitive variété, comment se présente Carriès dans le courant habituel de la vie. Sen-

sible, observateur et prenant, profond connaisseur d'hommes, câlin, despo-
tique, malin, tour à tour délicieux, et, comme il lui plaît assez de le dire lui-
même, « rosse et mauvais bougre »; d'une habileté extrême dans les relations
avec le public, heureux quand il a réussi à « monter le coup » aux gens et à
décrocher de gros prix, ce qui devient tout à fait admirable et digne d'un vrai
artiste quand on songe que pas un objet[1] n'est jamais sorti de ses mains
négligé, lâché, et qui ne lui ait coûté des émotions et des peines sans nombre
pour devenir vraiment précieux, — et que, de plus, cet argent, il ne le convoite
que pour le jeter à pleines mains dans de nouvelles entreprises encore plus
hardies et plus rares. Par-dessus tout, impressionnable et fantaisiste, avec de
grands élans de cœur, de grands caprices, une extrême distinction et élévation naturelles dans les idées.

Le Carriès qui pense n'est pas moins attachant que le Carriès vivant et
agissant. Il s'observe aussi profondément lui-même qu'il observe les hommes,
et ce n'est pas une fatuité qui le pousse à se regarder, fréquemment, dans
la glace, pour satisfaire son avidité de lignes, d'expressions, de nuances,
avec des mines de colère, de rire, de dégoût, de terreur. Il interroge son
âme aussi souvent que son visage, s'exerçant, se forçant, avec une obstination
presque rageuse, à tirer de lui-même ce qu'il y a d'exquis, comme en interrogeant les autres il tire d'eux tout ce qu'il y a d'utile.

Sa conversation est primesautière et extraordinairement attachante. C'est
un éloquent mélange d'enthousiasme et d'ironie, avec des mots de bon sens
qui éclairent une situation, des mots d'admiration qui découvrent soudain le
sens profond ou rare d'une œuvre d'art, des mots de raillerie qui retournent
un homme comme un gant et le laissent vidé sur place. Il parle souvent de lui,
mais naïvement et franchement, en homme qui sait son prix, sans vantardise;
et il est alors curieux, charmant et profitable de l'entendre, car il parle *beaucoup
plus de ses efforts que de ses œuvres,* et des œuvres à venir que des œuvres passées. Celles-ci, il les juge même souvent avec sévérité, vous prenant à témoin
avec une sorte d'inquiétude, et une secrète crainte pourtant que vous n'abon-
diez dans son sens, ce qui le peinerait, le troublerait et ne vous mettrait pas
des mieux avec lui. « Je ferai cela », revient bien plus souvent dans ses entretiens que « J'ai fait cela », et cet avenir qu'il vous ouvre vous entraîne et vous
convainc, n'ayant jamais le vague d'une intention, mais le rassurant d'une réso-

GENTILHOMME FRANÇAIS, DIT AUSSI LE CALLOT

Statuette en cire.

lution. C'est merveilleux, mais c'est réalisable par lui, parce que ce n'est que la continuation logique et toute naturelle de son effort.

Il place très haut son culte, mais s'intéresse à tout, ce qui fait que ses curiosités sont très vives et très nombreuses, mais ses admirations très rares et très puissantes. Les Japonais l'attirent par le génie de la matière, Vélasquez par l'aisance et la grande allure, Rembrandt par la profondeur, Albert Dürer par la volonté, par la probité grave et pieuse. Dans les modernes, avant tout ce qu'il voudrait et ce qu'il rencontre rarement, c'est le savoir technique, l'application, les qualités de bon artisan. Il part en paroles vives contre le pittoresque pur, contre ceux qui sont « vantards, vaniteux et superficiels ».

La simplicité et l'harmonie sont pour lui la même chose ; il les veut avec la force.

— La vraie richesse, dit-il, c'est des murs passés à la chaux, dans un ton gris, avec quelques gravures de Dürer, ou des photographies d'après Vélasquez ou Rembrandt.

Dans un langage à lui, qui fait bien comprendre la qualité propre de ses patines et de ses émaux, il dit que les *couleurs* sont brutales, mais que les tons sont puissants : « Le ton reste en place, tandis que la couleur dépasse le mur [14]. »

Après avoir été attiré, dit-il, dans sa jeunesse, par le pittoresque, le réaliste, l'exagération de force, il en a maintenant horreur, et il n'aime plus, sentant que là est la vérité et la hauteur en art, que ce qui est interprété, simplifié, vu par le grand côté simple et fort, avec les qualités de métier, de matière, de belle besogne vaincue qu'il exige en tout.

C'est ainsi qu'au Musée égyptien, il revient sans cesse avec un respect accablé devant le haut relief en granit des *Cynocéphales adorant le soleil ;* il reste des heures entières à regarder chez Louise Breslau la photographie du triptyque de Metsys à Anvers, l'*Ensevelissement du Christ.* Cependant, ce sont des choses qui s'adressent à ses sentiments les plus généraux, à sa raison; mais, *pour lui,* pour sa propre nature fantaisiste, il revient souvent à des œuvres d'un autre caractère, plus luxuriantes, plus capricieuses en demeurant très robustes, la chapelle de Brou, « l'inoubliable cathédrale de Brou, écrit-il, inouïe de beauté », et dont il dit à un de ses amis : « Quand tu verras cela, tu reculeras de deux pas, et tu te retourneras, en mettant les poings dans tes yeux et en te demandant si tu n'as pas rêvé. » Lorsqu'il travaillera à sa dernière œuvre, le *Saint Fidèle*, il voudra avoir dans son atelier, sans cesse sous ses yeux, des moulages du *Puits de Moïse*, « pour se faire honte jusqu'à ce qu'il ait fait aussi bien que ça, et pour faire mieux quand il aura fait aussi bien ».

Il avait, ainsi, de grandes facultés d'admiration, de ferveur dans cette admiration même, mais avec l'idée en même temps qu'il pouvait faire mieux. Cela donne l'élévation particulière à ses conversations, où des folies inattendues, des accès de gaieté irrésistibles, des gamineries qui vont jusqu'à jouer à cache-cache sous une table, à peindre en trois mots une silhouette énormément caricaturale, cèdent tout à coup la place, et sans rien de forcé, à une boutade spirituelle, puis à des vues vraiment éloquentes et pures. Cela donne aussi à son travail quelque chose de cloîtré, d'ardent et de recueilli. « Tu vois ! — m'a-t-il dit un jour, dans son arrière-atelier du boulevard Arago, et en parlant d'une voix basse et avec une simplicité très poignante, que je pourrai toujours évoquer à mon oreille, — tu vois, ami, voilà ce que j'aime, travailler, ici, toute la journée, patiemment, comme un bon petit ouvrier... » Sur un coin de serviette blanche jetée par-dessus un tabouret étaient les restes d'un plus que frugal repas, dont un croûton de pain doré avait fait le meilleur régal ; sur la selle devant laquelle il s'asseyait (ce sculpteur travaillait souvent assis) s'épanouissait une cire, le *Médaillon de jeune fille*, la *Sœur de Carriès !* et que les retouches, on le voyait, venaient de caresser et d'embellir. Tout cela était ému, intime, touchant ; ce n'était rien, et pourtant à ce moment j'ai vu tout ce qu'il y avait de vraiment bon et noble dans lui.

Cet atelier, une des cellules de cette ruche, de cette espèce de couvent artistique du boulevard Arago, où toutes les portes ouvrent sur un commun jardin, comme un long, silencieux et touffu jardin de cloître, cet atelier ne contenait rien que de très sobre et que de très pauvre, sauf la richesse, sobre encore, des objets d'art. Sur des tablettes dans toute la longueur, des pots, des épreuves en plâtre des bustes d'autrefois ; plus tard, Carriès ajouta dans le fond deux armoires normandes pour renfermer les pots précieux, deux ou trois estampes ou photographies au mur ; pas de meubles de paresseux ou de flâneur ; une table où se mélangeaient des bibelots japonais et des Carriès, une autre où se trouvaient, ainsi que çà et là sur les selles, des flacons d'acides, des concassures d'émaux, des écuelles, des pichets contenant des macéra-

tions ; une enfin, encombrée de papiers, de lettres, et où se retrouvaient encore
des bibelots surprenants à la vérité : bijoux végétaux qui valaient quelques sous,
des fruits, de petites courges, des concombres verts achetés au marché et conservant leurs griffes en vrilles, leurs feuilles poilues et veloutées ; enfin une ou

Masque de Carriès faisant la moue.

deux pommes de pin ou de cèdre, aux écailles dures et vernies, qui venaient
de quelque boutique de charbonnier rencontrée en chemin.

On ne peut pas ne point dire un mot, en passant, de ces choses humbles et
rares, éparses parmi les livres écornés, les lettres reçues ou commencées.
Carriès, avec sa finesse et sa promptitude de coup d'œil, trouvait, démêlait,
dans la nature cueillie, une chose simple et belle qui aurait échappé à tout autre

et qu'il dénichait aussi vite que, dans une vaste collection d'art, l'œuvre la plus discrète et la plus forte. Ces bibelots naturels, avec leur élasticité d'épiderme, leur
richesse de coloration, quoique dans toutes les nuances d'un seul ton, l'imprévu de leur forme, avaient été choisis dans le panier de la marchande avec un
goût exquis. Il disait que c'étaient pour lui des instruments de travail, voulant
que ses émaux soient dans cet esprit-là, interrogeant les mystérieux rapports
des formes. Au moment des recherches les plus passionnées de sa céramique,
je l'ai vu ainsi acheter de ces cornichons, de ces pommes de pin admirables,
des carapaces de crabes et de homards ; entrer aussi dans une boutique de
naturaliste et y former en un clin d'œil, sans marchander, pour se faire expédier,
à Saint-Amand, toute une collection de poissons empaillés des mers orien-
tales, poissons-lunes et poissons volants, boules hérissées de piquants, formes
de navires, de jonques renflées et grotesques, aux nageoires déchiquetées
en ailes, aux gueules bizarrement entr'ouvertes. Il projetait d'évoquer, de tirer
de là, en les interprétant, en les simplifiant, des formes de pots, des motifs de
monstres à recouvrir d'une précieuse peau d'émail. Et tous ces objets, coques
de fruits et coques de bêtes, prenaient entre ses mains, lorsqu'il vous les montrait et comparait, l'important, l'inattendu et le général d'un véritable objet d'art.

C'étaient pour lui des livres, plus variés et plus clairs que les autres,
plus troublants aussi et moins vite lus. Ses lectures avaient été pourtant très
nombreuses et très acharnées, dans les années d'avant la trentaine. Mais
maintenant, il pensait plus qu'il ne lisait. Lorsqu'il voulait se distraire, il en
revenait toujours au même livre, les *Maximes de La Rochefoucauld*, et un volume
ou deux, dépareillés, de *Saint-Simon*, de qui la concision de forme et l'admirable malveillance le délectaient.

Il écrivait comme il parlait, d'une façon saisissante, naturelle, imprévue,
avec un fourmillement d'incorrections heureuses, en illettré génial, incapable
de s'astreindre à retenir la succession exacte des lettres d'un mot, mais s'amusant à l'écrire comme un dessin, le regardant après l'avoir écrit, et lui ajou-
tant un accent, une barre inutiles, mais qui lui paraissaient faire bien, jetant
au milieu d'une syllabe une ébouriffante majuscule ; employant parfois les
termes en dehors de leur signification ; mais, pour la couleur curieuse et énergique qu'ils semblaient lui donner, les plaquant comme d'un coup de pouce,
les gravant comme d'un coup d'outil, et tout cela formait un style à lui, pre-

nant, avec des vraies trouvailles à rendre fous les grammairiens, mais à faire applaudir de joie les écrivains.

Quelquefois c'était de l'humour, de la fantaisie enjouée, du madrigal fantaisiste, comme ceci, à Madame Ménard-Dorian :

« Je m'installe petit à petit dans mon nouveau local, où j'ai commencé deux grandes œuvres qui ne ressembleront à rien du tout à ce que j'ai fait jusqu'à ce jour. Je change de peau; c'est pourquoi je recommence mon ancienne vie, fruste, sauvage, de mal élevé. Je ne veux pas à tout prix être un Français moderne, c'est-à-dire un superficiel.

« Je vous conterai tout cela à vous, belle âme inquiète et triste, tête impressionnable, irritable, toute de nerfs, influençable de première classe, analysant les choses de trop près pour en jouir : vous brûlez trop de phosphate à la fois.

« Combien vous devez regretter la béate niaiserie des êtres qui vivent en contemplant des choses qu'ils n'analysent jamais, la contemplation des veaux dans le pré de Fraisses-Unieux!.

« Que dites-vous de toute cette littérature, amie? et je me retiens de peur d'être ridicule. Que de choses je pourrais vous écrire, si j'osais me laisser aller! Je me sens spéculativement observateur et je vis comme Descartes dans mon poêle, que je chauffe trop. »

Parfois aussi, le style prenait la forme de conseils saisissants, de vues remarquables sur l'art, comme cet aphorisme à Mademoiselle Marie Gautier : « Travailler comme si l'on devait vivre toujours, ou bien s'amuser comme si l'on ne devait vivre qu'un moment » : et mieux encore, dans cette lettre à Maurice Lobre :

« Ne vous désolez pas de l'analyse douloureuse que vous cause votre art; les idées qui vous préoccupent actuellement en sont les causes naturelles.

« Aujourd'hui, pour émonder, il vous faut analyser toutes les choses et les transposer loin de la toile, dans une atmosphère ambiante naturellement combinée, puisque vous n'avez pas le soleil sur votre palette. Faire vrai, je veux dire humain, faire discret, éviter l'esprit creux et vide de presque tous ces peintres actuels, n'est pas chose facile, et je comprends l'inquiétude de votre intelligence subtile; mais il viendra un moment où, à votre insu, vous dominerez la chose, tant il est vrai que les efforts ne se perdent jamais.

Patience, Lobre, vous êtes à peine né, et vous avez tant d'idées sur toutes choses que vous devez être heureux, quand ce ne serait que celui de pouvoir vivre seul le poil hérissé à tout venant du dehors niais.

« A mon sens, l'art vit par l'étonnement. Vous devez faire « oh! » en regardant une chose pour la première fois. Vous avez cela, j'en suis sûr. Une œuvre d'art, c'est du bien pour toujours et pour tous. »

L'INFANTE

Grès.

XXIX

Voici ce qu'était une visite à Montriveau à la fin de l'été de 1891.

On quittait la station de Cosne, après avoir fait un tour dans la petite ville et visité l'usine Limet avec la riante propriété qui y attient. Un cabriolet, bon vieux serviteur, avec son cocher en blouse, vous menait pendant deux bonnes heures, serpentant à travers la campagne, en lacets qui s'élevaient de plus en plus ; puis on arrivait à une petite route ombragée en berceau, qui devenait brusquement d'une pente si raide que la voiture devait monter à vide ; mais on était récompensé de mettre pied à terre en grimpant entre deux murailles d'aubépines.

Au bout, on était sur un plateau, devant une grande vieille maison blanche, carrée, avec des volets verts, à un seul étage. C'était le manoir de Montriveau

En arrière de cette maison se trouvait un assez grand espace au milieu duquel s'achevait la construction d'un four, maçonnerie massive. A gauche, de l'autre côté d'une petite route, s'empilaient d'énormes tas de bûches et de fagots : « Ma montagne de bois ! » disait Carriès avec une fierté et comme un peu d'effroi. Plus loin, du même côté, était la petite ferme de Montriveau, habitée par le père et la mère Jean, chez lesquels, le soir, allait fumer des pipes, faire la causette et boire une petite goutte, « Monsieu Carriès ».

A droite, la cour du four était limitée par un atelier à tourner, par des magasins où les pots façonnés et destinés à cuire séchaient. Il s'y trouvait alors toute une série de pichets et de barils avec des têtes d'homme barbu,

de *Bartmann*, comme dans les grès allemands, mais plus amples et plus fan-
tasques.

A droite encore de la maison s'étendait un verger, avec une allée en
terrasse. En avant de la maison était un petit pré, tout émaillé de pâquerettes
et de boutons-d'or, qui, après avoir formé terrasse, dévalait rapidement, de
façon qu'on se sentait très haut, en face des collines lointaines, des entre-

La Grenouille faisant le gros dos.

croisements de vallées couronnées de forêts. On apercevait peu de construc-
tions, de très loin en très loin, et il ne vous parvenait aucun bruit, aucune idée
d'industrie, aucun souvenir de ville ou de voisinage de ville.

La maison était délabrée extérieurement et intérieurement, mais il y faisait calme; elle était très succinctement meublée : surtout de la paille et du
bois blanc. Trois pièces principales au rez-de-chaussée; une à l'extrémité
(gauche en regardant la vallée), servant de cuisine; l'autre centrale, encombrée
de pots précieux jonchant le sol, parmi les paniers, la paille, et sur lesquels
se déposait la poussière lentement; la troisième pièce, à droite, formait la salle
à manger, avec une table et des chaises, sans plus. Carriès y fit installer plus

La partie supérieure de la porte, détail du côté gauche.

tard des rayons sur lesquels il rangea sa collection de pots japonais et quelques-uns de ses plus beaux pots, à lui.

A l'étage, des chambres claires et gaies, meublées à la diable, parmi lesquelles on choisissait celle qui n'avait pas de carreaux cassés.

Dans les sous-sols, c'était un laboratoire assez mystérieux, où étaient réunis des échantillons, des essais, où s'amassaient les sacs d'émaux, les sacs de cendres de bois. La pièce centrale du rez-de-chaussée servait, par intermittences, d'atelier au sculpteur. A ce moment-là, il y avait sur la selle, presque entièrement fini de modeler, un étrange monstre, moitié grenouille, moitié poisson. à la queue en forme de gouvernail, et finissant d'ingurgiter un monstre plus petit dont tout l'arrière-train n'est pas encore engagé dans sa gluante gueule.

Des mannes non déficelées contenaient les masques qui avaient été cuits à Saint-Amand et qui reposaient encore emmaillotés de chiffons et de paille.

Après avoir visité sommairement tout cela, réservant les annexes à examiner plus en détail le lendemain. on empoigna des torchons, et avec avidité de voir,

de comparer, on nettoya la poussière des pots, ravi de voir apparaître la pulpe
de l'émail sous cette obscure enveloppe. Il y avait là déjà toute la première, la
plus ardente, la plus joyeuse série des poteries de Carriès. C'était toute
la famille grise et blanchâtre, aux formes heurtées, aux panses bossuées, aux
anses tordues. Des flacons trapus à double cabossure et à petit col, des
pichets gris et bruns, petits ou moyens : des sortes de melons juteux et des

La Grenouille aux oreilles de lapin.

sortes de poires pâles, aux panses en boule, au col étroit et tordu en forme
de tige, avec des rayures en zigzag partant de la naissance de cette tige et parcourant un court chemin ; le fond de ces pièces était blanc bleuté, ou blanc
jaunâtre, avec de grosses veines formant des réseaux d'un vert pâle. Certaines
de ces pièces avaient des coulées vert sombre ; d'autres étaient d'un rouge brûlé
avec des passages verts. Certaines étaient de simples boules creuses revêtues
d'émaux superbes, sans usage, faites seulement pour le plaisir du toucher
et de l'œil. La plupart, brusquement débarrassées de la couche de poussière,
apparaissaient comme des fruits fantastiques, et c'étaient des cris de joie à
chaque couleur ou forme nouvelle.

Il y avait aussi quelques pièces rudes et barbares, dans le goût et avec
le rugueux puissant, la silhouette fruste des Primitifs du Japon. Enfin,

avait l'admirable pot blanc veiné de noir qui est au musée du Luxembourg, un
des plus beaux que Carriès ait jamais faits, et qu'il ne referait jamais, affirmait-il :
« Je le voudrais voir acheté, à grand prix, par un homme raffiné, pour y enfermer
et y conserver les lettres d'une personne chère. »

Pendant le dîner, un dîner de curé de campagne, bien cuisiné et mijoté par
la mère Louis, la vieille bonne qui était encore suffisamment ingambe, on eut
l'idée d'apporter sur la table quelques-uns de ces plus beaux pots, pour les
regarder, pour embellir le repas, tout en disant mille folies et en faisant
mille projets.

Car cela se passait encore en un temps sinon exempt de soucis, du moins
de mortelles tortures. La soirée était tiède, des draps de brume légère enve-
loppaient la vallée tout en bas et la transformaient en océan ; et l'hiver,
qui est terrible et désolé dans ces régions, ne s'était pas encore abattu sur
Montriveau.

Le lendemain matin, c'était le bol de lait et la croûte de pain en causant avec
les ouvriers convoqués dans la salle à manger, puis une ballade dans les bois
avoisinants. L'après-midi, un tour à Saint-Amand-en-Puisaye, où se dressait
ce que Carriès allait bientôt appeler son « Calvaire », son « Calvaire douloureux ».

XXX

Masque d'horreur.

Les *Masques* qui se trouvaient alors, les uns à Montriveau, les autres à Saint-
Amand-en-Puisaye, étaient en
général d'un émail jaune et
doux de vieil ivoire crémeux, ou
encore brun, ou vert sombre.
Il y avait aussi, mais pas encore
émaillés, ceux qui sont nettement des portraits de Carriès
lui-même faisant la moue,
comme celui du Luxembourg,
dans les tons clairs et mats où
passent de légères rougeurs;
ni ce masque terrible à face
écrasée et plissée, avec les
yeux bouillis, la bouche abais-
sée dans une hideuse colère,
masque effrayant et de cauchemar.

On voyait aussi les deux masques accolés, à l'expression rêveuse et placide, comme des souvenirs de vieille Flandre; des masques barbus à toque, souriant doucement; certains de ceux qui éclatent de rire en se mordant les lèvres et en fronçant le nez; des masques sillonnés de mille petites rides dans la chair molle, de vieilles femmes ou d'hommes gras, douairières ou bourgmestres ; enfin le beau masque brun sombre, avec la chevelure en coup de vent et la bouche ouverte et tordue, dans lequel on retrouve encore, en fantaisie caricaturale, les traits d'un Carriès fort en colère.

Dans l'atelier de Saint-Amand, en fait de sculptures en train, il y avait, indépendamment de la porte, le *Grenouillard*, l'étrange homme-grenouille avec sa famille batracienne sur le dos ou entre les pattes.

Le rire de ces masques, le fantastique de ces monstres, soudain si différents de ce que Carriès avait produit jusqu'à ce moment, son œuvre étant toute de douleur calme ou de sourire harmonieux, purent paraître à ceux qui les virent quelque chose de heurté et de forcé, calculé pour produire artificiellement une émotion nerveuse. Mais quand on revoit cela à distance, la place qu'ils prennent dans l'œuvre, le moment auquel ils arrivent dans la vie, ils ont quelque chose de plus troublant et de plus surnaturel que cela. Les monstres, grenouilles ou grenouillards, reptiles difformes, ont vraiment des chairs flasques et visqueuses, comme si Carriès les avait sentis passer et s'appesantir sur sa propre peau; ils ont des ossatures vraisemblables, des muscles longs, mous et tressaillants, des pustules qui ne s'inventent pas complètement. Les masques sont vraiment de ces apparitions grotesques et menaçantes comme des avenirs, ou bien douces comme des souvenirs anciens un peu enlaidis et bouffis par la fièvre et qui viennent vous hanter pendant le sommeil agité.

Carriès avait mille raisons pour que ses nuits fussent ainsi enfiévrées et troublés d'agitations et de cauchemars[1]. La solitude profonde dans laquelle il s'était retiré ; les inquiétudes commençantes pour la porte mise sur pied et qu'il allait falloir faire de nouveau sortir tout entière du feu ; ensuite, et très secrètement, les retours traîtres, cachés encore, de la maladie héréditaire, que les dévorantes émotions de ce feu capricieux et cruel allaient de nouveau raviver et attiser.

Quelle différence avec les choses graves, endormies dans le calme, ou finement souriantes, accomplies jusqu'en 1888 ! Et cela ne s'explique pas seulement par la différence de matière, par l'association naturelle d'idées que l'émail gras, grumeleux ou lisse, verdâtre ou brunâtre, pouvait évoquer avec une peau de crapaud, de caïman ou de lézard. C'est sans doute l'explication d'un côté de ces œuvres, mais aux choses il y a toujours une raison subtile et secrète, touchant aux phénomènes de sensibilité non moins qu'à ceux de sensa-

Le Grenouillard.

tion, et cela chez Carriès plus que chez tout autre. Pour moi qui ai longuement et anxieusement interrogé son œuvre, sa vie, sa façon de percevoir les objets extérieurs à travers lui-même, j'ai la conviction que ces choses fantastiques, monstrueuses, admirables, furent filles de ses nuits, rêves qu'engendre la maladie couvée, sensations vagues qui rongent intérieurement, doucement, comme des bouches sans dents, durant les sommeils oppressés, et que l'artiste, avec son habitude de tout tirer de lui, reprend et formule pendant le jour, sans se douter d'où cela vient..

XXXI

Les ateliers de Saint-Amand-en-Puisaye étaient précédés d'un long terrain
où dans des bassins se travaillait et se décantait la terre. Ils étaient formés d'un
vaste hangar clos, avec un appentis, et en bas, du côté donnant sur les bassins,
une toute petite chambre avec un lit de fer, un bahut de bois blanc et une petite
table pour écrire ; Carriès y logeait pendant le formidable travail de montage
et de modelage de la porte, couchant sur le champ de bataille.

« Mon travail, écrit-il à Maurice Lobre, dépasse tout ce que vous pouvez
imaginer en difficultés de toute sorte. Je ne sais pas comment je tiens debout
étant sur les dents toujours...

« Avant de cuire, mon vieux, il me faut faire le moulage de cette porte qui
a comme poids actuel 22,000 kilogrammes qu'il me faudra diviser en 600 parties. Chaque brique demandera 4 calibres de zinc, ce qui fera 2,400 calibres à
découper. Après cela, il faudra reciseler, ajuster ces 600 morceaux et les
remouler un à un. Donc 600 moules, pour ce qui, à quatre mois à plusieurs,
me coûtera une douzaine de mille francs.

« C'est fou et sera affolant, mais qu'y faire ? »

Déjà la mise en train, la construction et l'exécution de ce monument lui
avaient coûté maintes peines, ainsi que le montre cette lettre à Monsieur Bassot, écrite le 25 août 1890 :

« Je désire vous écrire, et aujourd'hui encore je suis obligé de me faire
violence pour m'exécuter tant j'ai perdu l'habitude de l'outil plume.

« Depuis un mois, je ne sais vraiment pas où je suis. Ma besogne a tout
pris, je me ballade dans le rêve en plein, et cette dame (Madame la princesse
de Scey) aura vraiment la chair de ma chair quand elle aura mon Boulot.

« De ces dits tracas je n'ai rien à vous dire, ce serait trop long. Ça
marche pour le moment à coups de fil à plomb, à coups de tête, à coups de poing.

« Dans ma pauvre caboche, que je mets à toutes les besognes, c'est
l'enfer endiablé sans repos. »

Deux ans après, il retrouvait comme machinalement (et pourtant que de
choses avaient passé par là-dessus!) presque les mêmes termes pour dépeindre
son angoisse encore aggravée :

« J'ai repris mon affolante besogne que je ne recommencerais certainement
pas si je savais ou si j'avais su y trouver tant d'obstacles et de complications
de tout genre... Il me semble que je me ballade dans je ne sais quel bocal
géant, opaque, où je ne puis rien voir de ce qui se passe autour de moi. C'est
le Moi dans le Rêve éperdument pris et aux prises avec une réalité douloureuse. J'ai pour ennemis tous les éléments, le feu, l'eau, l'air, etc., etc. Je suis
obligé de rêver à ma besogne et d'agir comme un manœuvre ouvrier en tâche.
C'est qu'il faudra aboutir, et vite.

« Vous n'avez pas idée, mon vieux, des troubles qui se passent par
moments. Je vais par moments à l'aventure, tâtonnant ; mon inconscience
à vouloir trouver tant de choses à la fois me sert beaucoup ; cette inconscience est la seule force qui m'oblige à aller de l'avant sans le moindre doute
que la chose aboutira un jour sûrement.

« Arriver à émailler et à cuire grès et sans gauchir 700 briques, statuaire,
architecte, toutes de formes plus ou moins bizarres et conserver l'harmonie,
réemmancher le tout en place comme par enchantement, c'est raide à avaler.
Bref, passons à autre chose... »

Pour le moment, quel est l'aspect de cette porte finie de modeler en 1891,
et que nous avons vue alors dans son ensemble, si saisissante dans la fraîcheur de la terre, et sur laquelle l'imagination jetait par avance, grâce à la
comparaison avec les émaux déjà réalisés pour les masques et les pots, un
doux éblouissement, mais que nous ne verrons plus que comme une chose
arrêtée et morte, sans le riche vêtement que Carriès voulait pour elle? Corps
sans son âme extérieure.

Le côté droit supérieur de la porte avec Carriès travaillant.

L'architecture générale est de Grasset, qui a indiqué les grandes lignes, mais la conception et l'exécution de tous les détails sont de Carriès. Ce sont deux larges montants s'infléchissant et se rejoignant en arc surbaissé, dont le sommet s'effile en pointe et dont la partie médiane s'ouvre en gueule. De cette gueule, flanquée d'oreilles et d'yeux et couronnée de naseaux, béante et lisse comme des muqueuses, s'échappe une petite princesse ou une petite fée. Cette capricieuse, bizarre et grave petite personne, avec son air candide et volontaire, ses yeux étranges, les larges *anglaises* qui retombent sur ses épaules comme à une jeune lady de 1830, sa robe souple largement ceinturée, les gants qui lui montent jusqu'au coude, paraît un peu comme la petite reine de ce royaume ou la pastourelle de ces monstres, de ces déguisés inquiétants, ou de ces créatures ironiques et menaçantes qui s'agitent à ses pieds et circulent dans les montants.

De sens, il n'en faut pas chercher : Carriès n'en a point voulu ; il est inutile de découvrir là des allégories, des symboles ou des philosophies. L'artiste n'a eu en vue que la philosophie des belles surfaces, sur lesquelles faire couler

de gras et soyeux émaux. Rien autre chose; cette gueule béante comme un
organe, ces moulures, ces soleils et ces lunes, ce sont des prétextes variés,
d'une hardie et haute intelligence céramique, excellents à recevoir et à faire
jouer de changeantes lubréfications.

Quant aux têtes et grimaces, blaires et caboches, bêtes et bestioles, coque-
cigrues et vauriens, ils n'ont entre eux aucun lien, sinon un lien plastique, ce
qui est tout à fait suffisant. Leurs saillies plus ou moins accentuées, leurs
places dans l'ensemble, tout cela n'est destiné qu'à moduler dans l'harmonie
générale. En un mot, Carriès n'a voulu faire là qu'une page de matière admirable, de décor capricieux, et non plus; réaliser un objet d'art énorme, et non
raconter une histoire.

Par une très belle asymétrie, analogue à celles qu'adoraient créer, pour
produire paradoxalement un équilibre, les imagiers du moyen âge, les deux
montants de la porte ne sont pas conçus et décorés de la même façon. Celui
de gauche est étagé de têtes qui s'encadrent et viennent faire coucou dans les
lucarnes des moulures ; celui de droite est principalement de trois ou quatre
grosses brutes entre lesquelles serpente un large ruban. La partie supérieure
est d'animaux inclassés et d'astres burlesques.

De gauche, à partir du bas, les têtes alternent ainsi en zigzaguant, accom-
pagnées chacune d'un *Bartmann* plus en retrait : entre une grosse grenouille
qui semble garder et une autre qui s'efforce à grimper le long du bord intérieur, une sorte de maritorne, de Gretchen bouffie, se mord la lèvre et fait
la pleurarde dans un dépit grotesquement enfantin ; au-dessus, au contraire,
une tête de rire, une tête entre deux sexes, de vieux cabotin gras ou de vieille
matrone, dont la bouche édentée se fend largement et dont les yeux s'allument
de méchanceté ; puis, une face souriante, papelarde, guère plus rassurante
avec son sourire noyé dans la graisse et le faux respectable de ses cheveux
blancs en désordre ; puis une sorte de Pierrot blafard, hagard et tragique,
au-dessus duquel s'efforce de passer la tête une vieille dame coiffée en oreilles
de chien, avec deux mains qui s'agrippent à la moulure ; enfin, une autre gri-
mace de rire sans malice et sans pensée termine le montant.

En haut de chaque montant, à la naissance de l'arc, est une figure entière,
anamorphosée comme une gargouille du moyen âge, et dont le visage plutôt doux
et bon est renfoncé à l'envers entre les deux épaules ; l'une de ces figures est

Maquette d'ensemble de la porte.

Plâtre.

flanquée, dans le bord intérieur, d'un enfant demi-nu et pleurnichard, l'autre de deux vagues têtes d'effroi à demi décharnées. Tout l'arc supérieur est occupé par des animaux étranges : poissons, oreillards, harpies griffues, singe ayant volé et tenant sur ses genoux une pastèque, truie à oreilles humaines, tout cela alternant avec des lunes et des soleils à visages qui rappellent d'abord celui de l'homme et sont sur le point de se changer en gueules de grenouilles, de poulpes et de raies.

Le singe à la pastèque a son histoire. Dans le jardin de l'usine Limet était, lors de la belle saison, une guenon qui s'ébattait au bout d'une longue corde. La saison froide venue, la bête logeait dans une chaudière désaffectée où régnait une clémente température. Carriès étudiait souvent la guenon, l'examinait avec curiosité, jouait avec elle. Il descendait parfois dans la chaudière, s'y asseyait, demeurant en contemplation de l'anthropomorphe, et rêvant à des choses... Un jour, il vint de Saint-Amand et s'installa à Cosne pendant huit jours, uniquement pour la guenon. Il l'observa, la palpa, la regarda encore, ne fit pas un croquis ; mais, rentré à Saint-Amand, exécuta entièrement de souvenir, en une journée, le singe à la pastèque, et ce petit trait vaut d'être conservé pour attester une fois de plus son extraordinaire mémoire d'œil.

Les brutes qui forment le montant de droite, en redescendant, sont l'une faunesque et tant soit peu mythologique, l'autre rurale et réaliste, les autres semblent échappées de la Forêt-Noire, et toutes renferment un mélange de tout cela. Une sorte de sylvain aux oreilles pointues, aux mains palmées, au torse et aux bras flasques ; deux nains barbus qui rient méchamment ; un paysan, une façon de boucher en blouse, dans une colère féroce et bestiale ; enfin un autre homme des forêts, hypocrite et pensif, qui serre contre sa poitrine une bête qu'il vient de capturer.

Il n'y a même pas quarante figures dans cet énorme ensemble, et pourtant cela semble grouiller et fourmiller, pulluler en déconcertant le regard, monde en formation ou en déformation, spectateurs au premier rang de foules houleuses et hostiles. Telle est cette page de pur fantastique, de grand caprice décoratif, que Carriès, à la longue, finissait par porter lourdement sur ses épaules, qu'il haïssait presque peut-être, pour les peines cruelles qu'elle lui avait values, mais qu'il aurait déjà pu terminer depuis un an s'il n'avait pas voulu quelque chose de rare et de parfait [16].

Cette possibilité de terminer la porte avec les moyens dont il disposait, et malgré les énormes difficultés dont il avait fini par trouver la solution, il en a jeté l'aveu dans une colère, lorsque les rapports avec la personne qui lui avait commandé ce travail prirent un tour difficile et exaspéré. C'est le brouillon d'une lettre adressée à Madame la princesse de Scey. L'a-t-il adressée? nous ne saurions le dire, mais elle traduit nettement son état d'esprit, et elle établit exactement et sans la moindre exagération le bilan de ses sacrifices, de ses efforts et de ses angoisses. C'est à ce titre que nous donnons cette pièce comme, si Carriès l'avait pensée tout haut devant nous et comme il nous l'a parlée bien souvent dans d'analogues termes :

« Madame, oui, j'ai reçu votre lettre, que j'ai reçue ici par ricochet; et si je n'ai pas répondu plus tôt, c'est que des affaires d'ordre privé m'en ont empêché.

« Maintenant, puisque vous le désirez, voici la réponse carrée à ce que vous demandez.....

« Pour ce qui est du travail commandé, j'ai travaillé pendant trente-quatre mois sans arrêt, pour la modeste somme de 46,000 francs, ce qui ne représente même pas les frais d'outillage matériel que j'ai dû faire, sans compter mon temps et mes

Le montant de droite de la porte.

coûteuses expériences céramiques. Mon tort dans toute cette affaire a été d'entreprendre ce travail énorme, sans précédent dans l'art de la céramique, pour la somme de 60,000 francs, dont 46,000 touchés et deux fois plus dépensé par moi à mes frais.

« Mais n'insistons pas là-dessus. Pour l'instant, ce qui vous intéresse, c'est de savoir quand vous aurez la besogne. C'est impossible à dire. Les difficultés sont trop grandes et impossibles à prévoir, pour prouver un travail d'art nouveau.

« Mais ce qui est toujours possible et facile, c'est la banalité grossière. Je pourrais vous en faire rapidement pour votre argent. J'aime mieux vous le rendre. »

C'est une histoire qui n'est pas nouvelle dans l'art, et surtout dans celui de la sculpture, que celle de l'artiste ruiné par son œuvre, et d'un État ou d'un particulier le pressant à échéance fixe, comme s'il s'agissait d'un dîner à cuisiner et à servir dans un moment donné. « Elle me traite comme un fournisseur tranquille, écrivait Carriès à un ami, moi qui suis d'un bout de l'an à l'autre un fou affolé de curiosité d'art ! »

Mais sans faire de pur sentiment, une simple indication de chiffres montrera dans quelle désastreuse entreprise Carriès s'était engagé. Il avait tout fallu construire et créer à Saint-Amand et à Montriveau, pour un travail sans précédent, comme il le dit,

Le montant gauche de la porte.

car les monuments de l'art antique qui pourraient être techniquement comparés sont composés de toutes petites briques vernissées, et non comme ici
de puissantes dalles émaillées, d'une cuisson qui est à elle seule un tour de
force. La construction de l'atelier de Saint-Amand avait coûté douze mille
francs, le moulage seul de la porte vingt-six mille francs, ce qui faisait
déjà près de quarante mille francs employés avant tout travail céramique
proprement dit. Ajoutez à cela les frais de construction d'un four spécial à
Montriveau, le bois, la matière, les recherches, la rétribution du temps et du
travail de Carriès et de ses hommes, et l'on peut évaluer à plus de cent
cinquante mille francs ce que Carriès a englouti dans cette œuvre. Tous les
bronzes, tous les pots qu'il vendit dorénavant, lors de son succès décidé,
allèrent chauffer le feu de Montriveau. Ce qui eût été, dans d'autres conditions, un commencement de fortune, ne faisait qu'augmenter sa détresse
et sa ruine. Et comme l'on comprend maintenant les nouvelles désespérées
qu'il adressait de temps en temps à ses amis entre deux coups de feu, en
essuyant un instant les sueurs froides de son front!

TÊTE DE FAUNE

Grès.

XXXII

Lorsque Carriès montra, au Salon du Champ de Mars, en 1892, ses principaux travaux de poterie, le succès fut considérable. Il avait groupé autour de son admirable vitrine de pots et de sculpture céramique quelques-uns de ses plus beaux bronzes d'autrefois.

La croix de la Légion d'honneur lui fut promise, ou pour mieux dire décernée séance tenante, et ce fut un moment de joie, de presque enfantine fierté parmi tant d'angoisses cachées. Je ne saurais insister bien longtemps là dessus, ces récompenses paraissant si peu de chose, et si brève, auprès de ces

Quelques pots.

22

peines [17, 18]. Quant aux succès d'argent, nous venons de voir à quoi ils servirent.

Cette exposition de grès dérouta les sculpteurs et les céramistes par sa multiplicité d'effets et de ressources dans une tendance donnée, dans une volonté unique. L'étrange saveur de ces harmonies apaisées, parcourant principalement toute la gamme des gris et des bruns : gris bleus, gris rosés, gris verdâtres, gris blancs ; bruns clairs, bruns et verts sombres, « graisse de sauvage », ainsi que Carriès les appelait ; ces pots et ces bêtes semblables à des pierres verdies par la mousse, polies par le temps, ou à des fruits rares et lointains ; ces formes d'un goût exquis dans la puissance et l'originalité ; puis la beauté d'épiderme de ces pièces aussi caressantes au toucher qu'au regard ; les sobres rehauts d'argent ou d'or qui accompagnaient certains de ces pots ; enfin, parmi les sculptures, la bizarre expression des masques, la saisissante vraisemblance des monstres, contrastant avec la douceur charmante des bustes de bébés ou de la *Norice,* la mélancolie profonde de l'*Homme au grelot,* thèmes anciens, souvenirs fidèles et pieux ; en un mot, cette symphonie d'expressions et de sensations, cette manifestation d'une vision et d'un métier également admirables, passionnèrent le public et firent taire même les jalousies. Cela ne s'était pas vu souvent.

Il nous semble bien inutile maintenant de jeter là-dessus de la littérature et de se livrer au vain plaisir de mettre les mots à la poursuite des formes et des couleurs. On rendrait un bien plus grand service en remplaçant ces descriptions, que tout le monde peut se faire excellemment, par quelques indications plus précises sur la céramique pure. Mais nous nous sommes rendu compte qu'un travail de classification rigoureuse, qu'un catalogue précis de l'œuvre du potier était à peu près impossible, par suite du caprice, de la mobilité extrême, de la variété passionnée avec laquelle Carriès combina et mêla les formules. Cela donne le prix à l'œuvre et fait que des pièces analogues, très rapprochées, diffèrent toujours par quelque chose, et qu'en réalité chaque pot de Montriveau est une chose unique. Cela peut dérouter et même irriter les esprits scientifiques ; Carriès ne faisait pas de la science, mais de l'art.

D'une manière très générale, on peut diviser, quant aux émaux, les poteries de Carriès en trois grandes familles. D'abord les pièces du début, la famille grise, à base de scories de fours ; puis la famille des *cendres,* à base de cendres

de bois, donnant toute la palette du gris au bleu ; enfin la famille qu'on peut
appeler des *cires*, à base feldspathique, et qui ont un aspect cireux, tantôt le
blanchâtre domine dans ces pièces, tantôt elles sont d'un brun clair, tantôt
au contraire d'un brun très foncé, mélangé ou tirant sur un vert bile de bœuf.

Masque de rieur barbu.

A ces grandes divisions on pourrait ajouter diverses annexes, telles que les
pièces mates à base de cuivre ; les pièces à base de fer du début ; et en dernier
lieu une série d'émaux brillants, non signés d'ailleurs, et qui tiennent une place
tout à fait secondaire dans l'œuvre. Mais ces classifications sont aussi peu
rigoureuses que possible, pour la bonne raison que la plupart des pièces
contiennent chacune un peu de tous ces éléments dans des proportions indé-
terminées.

C'est aussi pour cela que ceux qui connaissent bien l'œuvre de Carriès
et l'esprit dans lequel elle a été enfantée sourient quand on parle de ses

secrets, du danger qu'il y a à divulguer ses formules [19]. Le vrai secret
de Carriès a été dans sa main; quant à ses formules, ou bien on ne s'en
servirait que pour l'imiter servilement, ce qui ne procurerait aucune gloire
aux imitateurs, ou bien on serait surpris de voir qu'elles donnent toute autre
chose que ce qu'elles promettent.

Carriès, en ouvrier admirable et perpétuellement inspiré, en artiste qui a
horreur des répétitions littérales, en affolé de curiosités nouvelles, était le premier à bouleverser ses recettes, et il s'y reconnaissait lui-même, à la fin, très
malaisément, dans les numéros qu'il inscrivait sous ses pots. Il dosait ses émaux
avec une cuiller, tantôt plus, tantôt moins, suivant son idée du moment. C'est
délicieux. Ainsi ne procéderait pas un fabricant, mais ainsi procède un artiste.
Et toujours et en tout, le *tour de main* vient jouer encore ici son rôle mystérieux et heureux.

XXXIII

Les formes seraient plus aisément catalogables, et pourraient se ramener
à une dizaine ou une douzaine de types, dont nous avons reproduit les principaux et qui seraient les suivants :

— Les pièces de forme chinoise ou japonaise (surtout au début et relativement peu nombreuses) ;

— Les pièces rustiques et « barbares », bidons, pichets, pots à beurre,
cruches à panse ronde et à tout petit col étroit et bas, à anses tordues, etc. ;

— Les pièces inspirées du légume ou du fruit, melons, courges et citrouilles,
ou boules émaillées sans usage ;

— Les pots cabossés sans anses, avec coups de poing variés ;

— Les gourdes et les poires proprement dites ; gourdes bilobées régulières,
pots vaguement piriformes dont le col s'effilant formerait la queue ;

— Les pièces de forme régulière avec ou sans col, obus, pots à renflement
égal et peu sensible avec un assez large orifice ;

— Les très grands vases (peu nombreux) ;

— Les pièces décorées de sculpture, barils avec têtes, seaux à grimaces,
poteries à monstres en bas-relief, ou formées elles-mêmes d'une tête de
monstre.

Dans cette classification sommaire ne sont pas comprises, bien entendu,
les sculptures céramiques : monstres, masques et fragments de la porte.

En deux lettres, l'une poignante, l'autre explicite et entraînante à la fois,

Carriès a mieux décrit que personne ne pourrait le faire sa méthode, ou pour mieux dire sa géniale absence de méthode :

« Je vous envoie, m'écrivait-il en février 1892, à la hâte, un petit bonjour amical de mes broussailles, où mon affolante besogne me ronge le cuir. Je m'y acharne après à en crever. Ce sera long, douloureux et ruineux. Je ne me suis pas rendu compte, au commencement, de tant de tracas. C'est l'inquiétude permanente entre deux fournées. Rien n'est plus énervant que d'attendre pendant les neuf jours qui précèdent la cuisson. Pendant l'émaillage, je m'éponge

Gourdes, seaux, obus, pot cabossé, etc.

le front en subtilités raffinées. N'émaillant jamais trois pièces du même émail, il m'arrive que, quand j'ai habillé 2 cents pièces, il m'a fallu composer 80 formules nouvelles ou diverses, et si elles ne sont pas dans le mille le jour de l'enfournement, c'est la débâcle. Seule mon araignée sous crâne m'empêche de me rebuter de ces émotions qui tuent. Ajoutez à cela des choses de la vie courante, qui ne sont pas minces en ce moment. Je me fais des cheveux blancs. »

L'autre lettre, du 24 avril 1893, à Georges Hœntschel, explique : « Mon vieux, j'ai été repris d'une rage de poterie, ce qui ne m'était pas arrivé depuis plus d'une année. Depuis 10 jours, je ne fais que [...] trucs, — mélanger moitié l'un trois quarts l'autre, l'un dessus, l'autre dessous, l'un à sec l'autre au mouillé, l'un épais, l'autre clair, le clair dessus, l'épais dessous ; l'un est fait en tournant la main de certaine manière et vivement, de façon à mélanger les tons les uns dans les autres.

« Éviter ceci, prendre garde à cela, prévoir encore et toujours leurs places dans le four, ne pas les placer trop haut, la température n'étant pas égale dans nos fours primitifs. Enfin je me suis gavé de combinaisons subtiles pendant 10 jours, tellement qu'aujourd'hui j'en suis abruti. »

Il ajoute : « J'ai des charges tellement lourdes et si peu de ressources qu'il faut absolument que je donne un coup de collier pour pouvoir emporter quelques objets que je puisse vendre à mon retour dans un mois, et comme j'ai toujours peur du feu qui mange tout, je fais 4 morceaux pour un. »

Ce que Carriès n'ajoute pas et ce qui achève de caractériser sa façon de procéder, c'est que sur ces quatre pièces, la plupart du temps il en détruit trois, et même détruit-il peut-être dans une plus large proportion encore, ne gardant que les choses parfaites, sacrifiant sans pitié les choses douteuses ou banales. Dans ce travail d'élimination s'affirment une fois de plus la finesse de son goût, la sûreté de son œil et son énergique parti pris de toujours « émonder » pour obtenir de parfaits résultats. Ainsi obtient-il ces rencontres rares, comme ce pot veiné de noir du Luxembourg, ou une de ces *poires* « rares comme des perles de prix et plus rares encore » qu'il expédie un jour à Georges Hœntschel avec des recommandations quasi maternelles, et qu'il a envie de courir sur la route reprendre au messager! Choses parfaites, surprises du feu dans ses bons moments, mais auxquelles il n'attacherait plus aucun prix s'il savait qu'il peut les refaire.

XXXIV

Masque dit la « Race Jaune ».

Dans les deux dernières années de sa vie, la physionomie de Carriès avait pris un accent plus énergique et plus sombre. Il disait en riant que sa barbe, autrefois blonde, maintenant poussait brun. Le feu de ses fours l'avait consumé et trempé, et il était devenu de ces êtres dont l'abord est si poignant et si dramatique que l'on dit d'eux qu'ils semblent revenir de l'enfer.

Un soir, le 26 mai 1892, dînant chez son camarade Arnault, il se leva en tirant des bouffées de cigare, se regarda dans une glace, et demanda de quoi écrire. Il traça alors, en quelques lignes, cet étonnant portrait de lui-même, qui est vraiment pareil à sa sculpture :

« Il donne l'impression saisissante que donnerait, en passant, un portrait

Divers types de pots de formes régulières.

peint brusquement aperçu et dont on ne voit d'abord que deux yeux fixes, inquiets, d'un gris vert et changeant, gris comme le revers d'une feuille de ronce.

« En regardant de plus près, le nez apparaît, aquilin, d'aspect large, avec une ferme ossature et des ailes remuantes.

« La bouche, presque amère, est close et appuie sur les mâchoires par saccades nerveuses.

« Barbe et cheveux châtains, broussailleux, à l'aventure.

« L'oreille, plutôt petite, est grassement ourlée, vivante, saine, écouteuse.

« Rien à ajouter à ce masque, sinon deux mâchoires qui l'emportent sur le tout, mâchoires tenaces que rien ne lasse.

« J'emporte de ce portrait comme impression finale deux mains éperdument longues, souples et nerveuses, faites pour les caresses, pâles et olivâtres comme le visage. »

Dans l'été de cette même année, après les fatigues de son exposition et « avant de rentrer en Nièvre », il fit, avec Monsieur Paul Mariéton, un voyage à Lyon, à Aix-les-Bains et en Provence[20]. Sur son chemin, il visita la chapelle de Brou, et il y retrouva toujours aussi vives, aussi profondes les impressions qu'il avait ressenties dans son enfance devant les reproductions de ces sculptures admirables.

A Lyon, il avait reçu la commande d'un groupe pour une chapelle. Ce

La religieuse souriante.

Dernière œuvre de Carriès.

groupe fut le *Martyre de saint Fidèle*, dont il fit l'esquisse en cire au cours de l'année 1893, et le modèle en plâtre, grandeur d'exécution, partie en 1893, partie en 1894. En 1884 également, mais non à Paris, à Montriveau, il avait commencé un *Buste de religieuse*, dont le plâtre a été heureusement conservé.

Ce sont deux œuvres de calme et de force qu'il fit saintement, en grand artiste et en « bon petit ouvrier » qui met toute son âme dans son œuvre. Elles offrent ce singulier caractère de trancher fortement sur toute la dernière phase de son œuvre, qui avait été, comme nous l'avons vu, fantastique, monstrueuse, émanée de sa partie maladive, tandis qu'elles sont émanées de sa partie sereine. Avec peut-être plus de décision et de simplicité, elles sont, la deuxième surtout, comme un retour aux choses délicates et profondes d'avant 1888, et on se demande si elles n'étaient pas quelque chose de plus encore, un retour aux souvenirs mêmes de l'enfance, dans un moment secret d'apaisement et de pressentiment, le *Buste de religieuse* étant une pensée envoyée à la « Petite Mère », à la Sœur Callamand, par delà et en attendant la mort?

Le *Saint Fidèle*, de toute façon, fut une de ses œuvres les plus passionnées, ne fût-ce que pour cette raison décisive qu'il lui fallait, après le grand succès du Salon de 1892, frapper un coup énorme pour conserver et achever définitivement la réputation conquise[21].

Pour le *Saint Fidèle*, il rêva des matières admirables, soit un parfait bronze à cire perdue, avec des incrustations de pierres précieuses, soit un grès où il se surpasserait. Ce groupe est dramatique et simple, avec une grande beauté d'expression ; Carriès s'y est montré un véritable imagier, dans le plus haut sens du vieil art français. Le mouvement de ce moine en prières, en extase, pourtant avec quelque effroi humain, conception si sincère et si vraie sans cesser d'être élevée et touchante ; ce bourreau hideux, qui va lui enfoncer dans le crâne un court et étrange couteau, on a le saisissement de penser que c'est l'histoire même de Carriès. De même que dans le *Profil de la mère*, il avait pressenti, en 1888, la ligne de sa propre mort, en 1893, on dirait ici qu'il en pressentit la brusquerie et la cruauté. Ce *Saint Fidèle*, martyrisé et extatique, c'est Carriès mourant en pleine fascination d'art, et son œuvre coupée comme une prière interrompue par le hideux bourreau.

Quant au *Buste de religieuse*, que ce soit ou non, comme on se pourra plaire à le croire, une commémoration de la femme admirable qui l'avait élevé et

La partie médiane de la porte, côté gauche.

protégé, c'est, en tous les cas, peu de semaines avant sa mort, toute son enfance qui revit comme épurée par le souvenir et par les épreuves. La douceur et la noblesse du sourire, la simplicité de la coiffe et de la guimpe, la grandeur touchante de cette humble figure, auraient fait de ce buste à l'état d'achèvement et de précieux une des plus belles œuvres de Jean Carriès.

Il fit d'assez fréquents voyages entre Paris et Montriveau, agité de préoccupations matérielles, de difficultés exaspérantes pour l'artiste qui n'aime en fait de soucis que le souci de son travail, mais que les chicanes contribuent à tuer plus rapidement que les plus fiévreux, les plus écrasants travaux. Pourtant, lorsqu'il s'enfermait avec son *Saint Fidèle*, dans un atelier d'Auteuil, personne ne le sachant à Paris, et ceux qui le savaient respectant sa retraite, il retrouvait alors sa paix et sa force. Le matin et le soir, il prenait le train aux heures des ouvriers, et il rentrait, la journée faite, accablé de fatigue, chez son ami Georges Hœntschel, où il logeait.

Durant un de ses voyages à Paris, il alla un jour à son atelier du boulevard Arago, où il brisa beaucoup de choses à grands coups de canne.

Une autre fois, il alla voir son fondeur Bingen. Il lui dit, en montrant une

épreuve en plâtre de
son Portrait par lui-
même : « Ce jour-là,
j'ai fait mon monument
pour mettre sur ma
tombe. » Il ajouta
d'un ton pensif et avec
une voix qui frappa le
camarade ancien : « Enfin, nous
aurons fait quelques beaux bronzes ! » Et comme Bingen se hâtait
de dire : « Nous en ferons, parbleu !
bien encore ! » il répéta gravement :
« Nous aurons fait quelques beaux
bronzes. »

Carriès, malgré ces signes
émouvants, n'a jamais *cru* que sa
fin était proche ; il l'a craint, il l'a
vaguement senti, mais avec l'espoir,
la conviction qu'il ne devait pas
mourir si jeune et ayant tant à faire.

Le 24 février 1894, il avait écrit
cette lettre à Georges Hœntschel :
« Nous avons actuellement à Saint-
Amand une épidémie de très mau-
vaise grippe. Et les trois hommes
qui sont ici à mon service sont pin-
cés très gravement et au lit chez
eux, à Saint-Amand. Mais ça n'a pas
raté, ils me l'ont collée avant de

La partie médiane de la porte, côté droit.

partir. Eh bien, mon vieux frère Geo. je ne te souhaite pas une pareille grippe
sur la tête, d'abord parce qu'on en meurt ! Et puis je ne connais rien qui vous
foute la fièvre comme ça, car la mienne était doublée d'un rhume de poitrine
à en crever. Et je ne te cache pas que jeudi, si la poste avait été à ma dispo-

sition, je te télégramme pour que tu arrives à la hâte, tant il me semblait que j'allais foutre mon corps dans le trou.

« Plus de potier, passe encore, mais mes petites affaires à arranger ! Bref, ne causons plus de ça, puisque j'ai l'air de vouloir en revenir. Mais c'est égal, je ne connais rien de plus triste que d'être ainsi perché, sans secours, rien, personne ! A la ferme, la mère Jean est malade et couchée depuis longtemps ; le père fermier travaille dans les champs. Chez moi, une vieille de soixante-treize ans que je garde par humanité, car, vrai, comme garde-malade, je ne la changerais pas pour Maria : tu serais trop mal servi, mon pauvre vieux. Ainsi figure-toi que, vendredi, elle m'arrive dans ma chambre avec un panier et me dit : « Le mosieu doit avoir faim ? » Elle déballe le tout, et tu sais si j'avais envie de manger quoi que ce soit, tellement j'étais malade. Mon cher, elle avait combiné un dîner à tout casser : soupe de poireaux, pommes de terre comme pour un maçon bien portant, puis de la morue, des pommes crues, une salade, du lait, et des biscuits pour tremper dedans. Je lui ai demandé, car j'en étais abruti, si elle se foutait de moi. Emportez donc tout ça et montez-moi de l'eau chaude et du rhum ! Bref, suffit pour t'esquisser le tableau des vieilles gens nivernais, et pour t'affirmer que les gens qui vous disent toujours : « La campagne, il n'y a que ça », je voudrais bien les y voir ici. Aussi, quand je pourrai me rapprocher de Paris, je le ferai le plus tôt possible. »

Carriès parut avoir échappé à ce rude coup. Il revint à Paris, puis repartit pour Montriveau dans les premiers jours du mois de mai.

A Montriveau il s'était senti plus gravement malade, et, là, un médecin de Saint-Amand, provisoirement appelé, n'avait point compris son mal, traitant comme un rhumatisme musculaire ce qui était un commencement de pleurésie. La maladie se déclara si violemment alors qu'il sentit qu'il fallait quitter Montriveau, et il était alors dans un état des plus alarmants. Le 25 mai, il envoya un télégramme à d'excellents amis qu'il avait à Cosne, Monsieur et Madame Albert Pasquet, leur faisant savoir qu'étant très souffrant, il désirait qu'on vînt le chercher en voiture fermée.

Chez Madame Albert Pasquet, il fut aussi entouré de sollicitude et aussi intelligemment soigné qu'il l'avait peu ou mal été à Montriveau. Le docteur Jules Moineau, de Cosne, réussit à enrayer la pleurésie ; toutefois, il demeurait à

SAINT-FIDÈLE

Plâtre

Avec la maquette en cire et Carriès se tenant près de son groupe.

un point de la poitrine une matité inquiétante ; c'est là que devait se déclarer un abcès au poumon ; mais il y avait alors quelque espoir de prolonger la vie.

Carriès fut transporté alors dans la maison de Monsieur Limet : il était heureux d'avoir sous les yeux un grand jardin, des arbres, demandant que l'on traînât son lit tout près de la fenêtre.

Vers le milieu de juin, l'abcès se forma et l'état du malade devint si alarmant qu'il fallut mander des médecins de Paris et avertir son ami Georges Hœntschel. On résolut de le transporter à Paris avec des précautions infinies. Il n'y avait presque aucun espoir, mais on voulait tenter l'impossible.

En chemin, on crut qu'il allait rendre l'âme ; l'abcès au poumon creva.

Il dit à ce moment : « Et mes bibelots !... Voyons ! pour l'art ! Ça ne peut pas être fini. »

A Paris, le drame de souffrances et d'angoisses fut terrible et dura quinze jours. Les docteurs Charrin, Landouzy, Berlioz venaient plusieurs fois chaque jour examiner Carriès ; ses amis Hœntschel et Ternisien ne le quittaient point ; il était veillé par une Sœur de charité et par la bonne Maria dont il parle dans la lettre citée plus haut.

Pendant cette agonie de quinze jours, il souffrit beaucoup, éprouva de grandes tristesses, avec de rares moments d'espoir. Il était résigné et silencieux comme un enfant, conservant des yeux de fixité et d'épouvante, absorbé dans des pensées multiples, douloureuses, se laissant soigner, toussant, brûlé de fièvre. Un jour, Bingen vint prendre de ses nouvelles ; Carriès demanda à voir son vieux camarade. Bingen entra ; ils échangèrent deux mots, se serrèrent la main ; les larmes leur vinrent aux yeux. Bingen s'en alla.

Trois ou quatre jours avant la mort, il y eut tout d'un coup un mieux inattendu. Pendant toute une après-midi on le crut sauvé. Le soir, la fièvre reprit, et il fallut de nouveau faire le sacrifice d'un espoir.

Pendant toutes ces cruelles attentes, Carriès était d'une douceur extrême et conservait du raffinement jusqu'en ses souffrances. Au milieu d'une affreuse crise de toux, comme on lui apportait de la tisane dans une tasse trop ornée et dorée, prise au hasard, il fit un refus de la main, puis il dit à la religieuse : « Ma sœur, pas dans cette tasse-là, je vous en prie ; dans la petite grise, vous savez, qui est si jolie et si simple. »

Un jour que les médecins avaient donné les plus mauvaises nouvelles et que

Carriès interrogeait avidement Georges Hœntschel, celui-ci lui répondant, la mort dans l'âme : « Ce sera long ; mais, tu sais, tu l'as échappé belle », il fit, avec cette navrante forfanterie des jours d'autrefois : « Faut-il tout de même que je sois solide ! Les Carriès, d'ailleurs, tous des écumeurs de mer, bâtis à chaux et à sable. » Pauvre orphelin de phtisiques !...

La fièvre allait en augmentant ; la gangrène se mettait dans les poumons. Le 1ᵉʳ juillet 1894, il expira, le soir, après avoir pour ainsi dire rendu son âme par les yeux dans un regard d'effroi et de douceur. L'on mit dans son cercueil, sous sa main, avec quelques fleurs, un petit pot gris, des premières fournées, qu'il aimait beaucoup.

Février 1895.

NOTES ET DOCUMENTS

Ce n'est point un sentiment de pure amitié qui a fait placer dans cette partie du volume un nombre relativement aussi grand de portraits de Carriès. A ce compte, un seul et bon portrait eût suffi et, d'autre part, un tel zèle eût été voisin de l'indiscrétion.

Mais ce livre est avant tout une étude de plastique et psychologie plastique. Or, comme nous l'avons expliqué, dans presque toutes les œuvres de Carriès on retrouve quelque trait de lui-même, sinon parfois toute la construction de son propre visage, tout le caractère de sa physionomie, et, dans toutes, il demeure trace de son accent, soit en élégance, soit en sauvagerie et en effroi.

On est donc bien mieux mis à même de comprendre cette œuvre quand on voit par quelles séries d'observations Carriès l'a tirée de lui-même pour la plupart du temps. Il y a un très grand enseignement artistique, une très grande curiosité morale et esthétique à reprendre un à un les traits de ce visage, à en suivre les accentuations ou les déformations dans l'œuvre d'art. Ainsi compris et ainsi

Carriès en 1876, à Lyon.

D'après une photographie appartenant à M. Vermare et dédicacée

Souvenir sympathique à son premier maître, son dévoué élève

Joseph Carriès en 1876. (Lyon)

présenté, le document personnel cesse d'être une chose indifférente pour le passant ou bonne seulement pour ceux qui cultivent un souvenir. Il devient un moyen d'intelligence et de comparaison des plus indispensables, et, pour les artistes, une leçon et un exemple, l'art étant par-dessus tout une *interprétation*.

D'autre part, il a été jugé préférable de classer à part cette illustration spéciale. Elle se fût mal mélangée avec les œuvres d'art : l'étude artistique illustrée par l'œuvre, le document par illustré par le document, et le travail d'esprit du lecteur étant le trait d'union entre les deux parties. Cette disposition est un peu nouvelle et particulière. Peut-être avec d'autres artistes n'aurait-elle pas autant sa raison d'être, avec les artistes objectifs surtout, et ne trouverait-on pas toujours d'aussi riches et d'aussi décisifs éléments de comparaison. Mais avec les artistes fortement subjectifs, à quelque besogne que se soit appliqué leur effort, nous croyons que les auteurs de monographies trouveront profit à adopter une telle disposition, indépendamment des avantages évidents au point de vue de l'unité dans l'illustration.

1. « *5ᵉ arrondissement de Lyon, année 1855, nº de l'acte 136.*

« Le quinze février mil huit cent cinquante-cinq est né Jean-Joseph-Marie Cariès, fils de Auguste Cariès, cordonnier, demeurant à Lyon, rue des Deux-Cousins, 3, et de Françoise Guérin, son épouse. »

« Délivré pour note, à la Mairie de Lyon, 5ᵉ arrondissement, le 16 juillet 1894. »

Le père de Carriès était né à Cette, sa mère à Saint-Martin-la-Plaine, près de Rive-de-Gier.

Il nous a été impossible de savoir comment et à quel moment exact Carriès a redoublé l'r de son vrai nom. Cela doit certainement remonter aux années de sa première jeunesse.

Carriès en 1876, à Paris.

D'après une étude peinte de Mendès, un camarade de Carriès, élève de l'atelier Gérome (appartient à Jean Limet).

2. « Cariès, Jean-Joseph-Marie, né le 15 février 1855 à Lyon, fut agréé comme élève par M. Dumont, professeur chef d'atelier de sculpture à l'École, le 6 janvier 1874. M. Cariès a travaillé quelque temps sous la direction de ce maitre, mais n'a jamais subi avec succès les épreuves d'admission. » (Note fournie par l'École des Beaux-Arts.)

3. « Joseph Carriès a été placé à l'orphelinat Denuzière en 1862 et il y resta jusqu'en 1838, époque à laquelle il entra chez Monsieur Vermare. Il demeura chez ce dernier deux ans seulement et c'est en 1876 qu'il revint à Lyon faire le buste de sa sœur, qui mourut le 1ᵉʳ juillet de cette même année.

« Notre regrettée Mère Callamand, dont l'affection pour Joseph Carriès fut si admirable, est décédée le 18 décembre 1882. »

(Lettre d'une des Sœurs de la rue du Doyenné, Sœur Marguerite-Marie, Fille de la Charité.)

4. Envois de Carriès au Salon.
relevés sur les livrets.

1875. — Carriès (Joseph), né à Lyon,
élève de MM. Dumont et
Lehmann.
2.931. — *Tête d'étude* : buste
plâtre.

1876. — Carriès (Joseph), né à Lyon,
élève de MM. A. Dumont et
Lehmann.
3.129. — *Un anachorète espa-
gnol* ; buste plâtre.

1879. — Carriès (Joseph), né à Lyon,
élève de MM. A. Dumont
et Lehmann.
4.855. — *Portrait de M. M....* ;
buste terre cuite.
4.856. — *Portrait de fillette*, médaillon plâtre.

1881. — Carriès (Michel), né à Lyon.
3.702. — *L'Aveugle* ; buste plâtre.
3.703. — *Le Déshérité* ; buste
plâtre.
Carriès (Joseph), né à Lyon.
3.704. — *Portrait de Charles I*er ; un buste plâtre. — 3.705. — *Tête d'homme* : buste plâtre.

1883. — Carriès (Joseph), né à Lyon.
3.432. — *Portrait de Courbet* : buste plâtre. — 3.433. — *Évêque* ; buste plâtre.

Carriès dans son atelier de la rue Boissonnade.
D'après la peinture de Louise Breslau.

5. Parmi les lectures qu'a faites Carriès lorsqu'il était au régiment, il faut noter le recueil des critiques artistiques de Baudelaire. Il ne lisait que très irrégulièrement les journaux.

6. Carriès se sent tellement à l'aise à Vaudrevange qu'il y invite ses amis. Il écrit au docteur Jullien qu'il veut absolument qu'il vienne.

« Arrive donc, tout le monde ici te tend les bras et t'aime déjà parce que tu m'as rendu service.

« Je désire absolument te faire connaître à cette splendide famille. »

Un peu avant il avait écrit, en arrivant : « J'ai été très bien accueilli par tout le monde. L'on me loge dans le château, mais isolé de tout le monde. C'est fort bien, ce qui me prouve que l'on a pris des renseignements sur l'original. »

Pour le triple portrait de jeunes filles en un médaillon, Carriès avait industrieusement imaginé une présentation spéciale, une sorte d'encadrement à volets sur lesquels Cesbron peignit des fleurs.

7. Le *Buste de Vacquerie* a été commencé aux bureaux mêmes du *Rappel*, dans le cabinet du journaliste, puis, suivant l'habitude de Carriès, terminé à l'atelier sans le modèle.

« J'aime beaucoup Vacquerie et je tiens à lui faire une belle chose. » (Lettre au docteur Louis Jullien).

Carriès vers 1884.

Croquis de Gandara, appartenant au docteur Louis Jullien.

8. Liste des œuvres qui figuraient à l'exposition chez Madame Ménard-Dorian.

1 L'Évêque, plâtre patiné.
2 Le Guerrier, bronze.
3 Portrait de Jules Breton, bronze.
4 Portrait de Gambetta, plâtre patiné.
5 Frans Hals, bronze.
6 Hollandaise (ou Madame Hals), bronze.
7 Loyse Labé, bronze.
8 Grand portrait de Carriès, cire.
9 Charles Iᵉʳ (la tête coupée), bronze.
10 Le Faune, cire.
11 Le Vieux comédien, plâtre patiné.
12 Le Magistrat, plâtre patiné.
13 Le Cuisinier, plâtre patiné.
14 Tête de jeune fille (portrait), cire.
15 Tête de jeune homme (portrait), plâtre patiné.
16 L'Infante, cire.
17 La Religieuse, cire.
18 La Novice, cire.
19 Vélasquez, plâtre patiné.
20 Le Mineur, plâtre repris à la cire.
21 Enfant sur un coussin, cire.
22 à 24 Trois têtes d'enfants, cires.

9. « J'ai bien juré de ne plus faire de portraits : c'est pas mon genre. Je suis trop fantaisiste, trop impressionnable pour l'analyse de commande. » (A Madame Ménard-Dorian.)

10. Ce n'était pas seulement la céramique japonaise qui excitait son admiration et son émulation, mais aussi la céramique chinoise. Chez un de ses voisins du boulevard Arago, Monsieur Jeanneney, collectionneur de grès et de porcelaines, il aimait à passer la main sur de très beaux céladons, en disant : « J'aime encore mieux caresser ça que la peau de la plus jolie femme de Paris. »

11. Pour cette préoccupation de la mort, que Carriès n'avouait pas, mais qui le hantait, des aveux, çà et là, dans les lettres, sont significatifs :

A Madame Ménard-Dorian, lettre sans date, mais qui doit avoir été écrite vers 1887 ou 1888 : « Je sors d'en prendre aussi du mal de gorge, avec rhume de poitrine, frissons, et le reste.

« Surtout du dégoût pour tout. Ma besogne me fait piètre mine ; ma bronzerie ne m'emballe plus. Je voudrais bien m'en débarrasser pour faire absolument autre chose. Quant au reste, je vais le voiler pour ne plus le voir.

« Vous le voyez, c'est une impasse à Marasme : je suis dans la purée, comme dit la *Muse à Bibi*. Je ne connais rien de moins gai que le cauchemar debout, l'œil ouvert et vivant, le découragement, quoi ! C'est peut-être la maladie ! Mais c'est égal, il doit y avoir quelque chose de vrai *tout de même*.

« Ha ! puis zut pour le chef-d'œuvre. Il n'y en a pas d'abord, n'est-ce pas ? Dites-moi que oui, hein ?

« Je ferais bien mieux d'aller me monter le coup au bord de la Seine que de rester là à cuver ma maladie dans le noir. Eh bien, j'y dégringolerai demain, que ma caboche aille mieux ou non.

« Allons, sors de ta coquille, mon vieux ! Voilà, voilà, voilà !

« C'est égal, j'en rigole, mais ça me coupe les flancs tout de même. Oh ! nom de Dieu ! je tousse ! Où est ma pastille ? Pour cette nuit, la v'là. Oh ! mais c'est que je ne rigole pas, la nuit, à faire mes rêves à testament.

« Vous n'y serez pas encore cette fois, espérons. Bonjour, Pauline, bonjour, Paul, bonsoir, Madame Dorian. »

Carriès vers 1884.

Croquis de Combert, appartenant au docteur Louis Jullien.

A Monsieur Bassot, 27 février 1894, de Montriveau : « Je viens d'être gravement malade par un violent coup de froid.

« J'ai failli en faire ma crevaison.

« Actuellement, je me trouve un peu mieux.

« Tout mon personnel également est malade. »

A Maurice Lobre : « Je rentre d'un petit voyage en Loir-et-Cher, où j'ai été me recaler d'une indisposition où je n'en pouvais plus des suites de fatigues physiques dues à un surmenage trop dur pour mes pauvres muscles, qui se forcent trop en besogne depuis longtemps... »

Il parle encore dans cette lettre des « tracas d'une vie double et inutilement active pour la santé, puisque c'est elle qui paye toujours ».

A Arnault, 25 février 1894, de Montriveau : « Merci, mon cher vieux, du petit mot amical qui est venu me trouver dans mon lit, où je purge un coup de froid très grave pris sous une loge exposée à tous les vents. Je vais un peu mieux, je crois, mais j'ai été très étrillé et ça m'a démoli, moins le courage, pourtant, qui est toujours bon. Pour le corps, le temps fera le reste, je l'espère. »

Carriès dans son atelier de la rue Boissonnade, en 1885.

A Albert Bartholomé, avant les lettres précédentes, vers 1892 : « Je suis bien fatigué par mes recherches (céramiques). La matière tient trop de place dans cet art, qui demande la tête et le corps, et c'est beaucoup pour un homme sans muscles. »

Il y a même eu, par moments, peut-être quelque chose de plus terrible que cette conscience : « Je pense et vais faire l'impossible pour partir samedi prochain pour la brousse où j'aime brûler ma vie dans la solitude. » A Mme Ménard-Dorian, *6 janvier 1894.*

12. Louise Breslau, par exemple, dont il a pu écrire (février 1892) dans une lettre à M. Bassot : « Breslau, la bonne et l'intelligente, je l'aime beaucoup; c'est en somme la seule fille qui ne m'ait pas rasé de bêtises. »

13. Carriès tenait par-dessus tout à l'ouvrage de ses mains; il y attachait un respect, un prix presque superstitieux, tout à fait spécial et très différent d'un sentiment de vanité, se séparant à regret d'un morceau réussi, *ayant envie de le reprendre une fois donné ou vendu.* Quelques extraits de lettres à ce sujet :

« Je ne comprends pas ce que vous m'écrivez, que Clairin désirerait emporter des bustes à Londres. Désire-t-il les emporter lui-même? Quant à les envoyer à un inconnu, marchand, *jamais !* Je ne désire pas envoyer les cires, c'est trop fragile. Quant aux bronzes, oui, si c'est une personne sûre qui en réponde... car ce n'est pas le moment de me faire rouler par un marchand londonnien. Étant donné que, par ce temps de poterie, de fours sur fours, comme feu Palissy, j'ai tout brûlé ici. » (A Madame Ménard-Dorian.)

« Oui, que Goupil expose dans sa galerie mes bronzes (*galerie réservée*). Ne pas confondre avec la vitrine de la rue. La vitrine de la rue, *jamais !* »

Il envoie un pot à Georges Hœntschel en faisant précéder l'envoi d'un billet ainsi conçu :

« Georges, attention! Je vais expédier le fruit du Paradis. Cette fois, c'est pas une pomme ni des dattes. Mais c'est une *poire*. et dans son aspect fruste, discret ou barbare. tu ne trouveras pas d'étoffe assez chic pour lui faire une robe.

« C'est le frère ou la sœur du petit pot vert du Luxembourg. Colle cet objet rare, je dis rare et pour cause, en lieu sûr. La casse m'effraye. » 19 mars 1893.

Le lendemain : « Je t'ai expédié ce matin par grande vitesse la poire promise, dans une double caisse. Le messager parti, j'avais presque envie de courir après lui pour la reprendre.

Enfin, quelques jours après : « Qu'as-tu fait de mon beau petit pot que je t'ai envoyé? J'en avais réenfourné ici quelques-uns pour me remplacer celui parti. Tous ratés! Pourquoi? Voilà le chien !

« Donc, vieux, renferme-le bien dans une boîte. Il est plus rare qu'une perle de prix, et plus rare surtout, malgré qu'on attache peu de prix à ces sortes de choses. » 1er avril 1893.

La ruche artistique du Boulevard Arago.

L'atelier de Carriès était le dernier de la rangée de droite, au fond.

14. Cette question de ce que Carriès appelait les *tons* et les couleurs revenait souvent dans ses conversations d'art, et il exprimait sa pensée sous cette forme originale : « Un objet d'art, un pot doit être *ambiant*. » Ou encore : « Mes pots sont ambiants. »

Ou encore, chez Monsieur Jeanneney : « Vous voyez ces pots-là? (il désignait des choses de lui), ils tiennent aux arbres du boulevard ! »

15. Deux ou trois passages de lettres, relatifs aux soucis et aux fatigues causés par la construction de la porte, des fours, les cuissons, etc. :

« Ici, nous sommes encore à la carcasse de mon énorme machine, qui sera viable dans plusieurs mois. Ce sera dur à enlever. J'ai dû ajouter 13 pour 100 au mètre cube comme retrait de terre. C'est énorme, et ça me donnera un surcroît de besogne ». A Monsieur Bassot, 8 juillet 1890, de Montriveau.

« Je voudrais bien vous voir, il me semble que cela me reposerait mon pauvre corps et surtout ma pauvre tête. Je vis absolument seul, n'ayant point de distraction que mon travail, avec des difficultés de métier par moments telles que je m'en éponge le front. Cette perpétuelle tension d'esprit a fini par m'énerver pareil à une (mot inintelligible) échevelée, et pourtant c'est pas le cas, puisque je vis en ermite absolument.

Carriès en 1889, à Montriveau,
avec ses chiens sauvages.

D'après une photographie dédicacée :

Souvenir de mon château de Montriveau,
à mon bon ami Grasset, mon ami vrai, Jh. Carriès.

« Je ne rentrerai pas à Paris avant deux mois et même plus, ne pouvant pas perdre de temps, j'ai tant et tant de choses à mettre à l'unité. Songez que je suis seul pour conduire à bien mon infernale besogne, dont je ne puis rien vous dire tant elle est en réalité difficile et compliquée. Je me suis foutu dans le pétrin le jour où je me suis figuré que ça marcherait tout seul. » Montriveau, 4 février 1892. A Monsieur Bassot.

« Nous avons fini hier l'enfournement dans mon petit four que je viens de faire construire, car avant je cuisais dans un four colosse et au hasard. C'est cet outillage barbare et primitif qui a été la cause de bien des loups, mais il faut commencement à tout. » 24 septembre 1891. » A Monsieur Bassot.

« Ici, mon bon vieux Arnault, j'ai repris mes occupations d'arrache-pied, comme on dit, et vais tâcher de tailler de la bonne besogne d'ici deux mois. La vie est si courte et le côté matériel si énorme, qu'il ne faudrait pas perdre une minute.

« Je fais bâtir un four en ce moment d'un nouveau système, et j'ai hâte de savoir ce qu'il donnera. Avec le feu, c'est toujours la bouteille à encre. » 17 mars 1891.

16. Carriès aurait pu finir sa porte avant même sa maladie. Il en avait trouvé les moyens pratiques : moyen d'émailler, moyen de cuire sans gauchir, etc. S'il ne l'a pas fait, c'est qu'il était affolé de perfection et que, comme il l'a dit dans le brouillon de lettre cité, il ne voulait pas, pour une telle œuvre, donner de l'ouvrage courant. Nous n'entrerons pas dans le détail technique des preuves à l'appui de ce que nous avançons, mais il suffirait de recourir au témoignage de tel ou tel de ses collaborateurs, qui affirmeraient, comme ils nous l'ont affirmé à nous-même, qu'il ne tenait qu'à lui de terminer cette œuvre en se contentant de très séduisants à peu près.

17. Pour montrer la vie confortable et luxueuse que menait Carriès au moment même de son plus grand succès, c'est-à-dire en hiver 1892, il peut être curieux de donner cette lettre où il s'adresse à son propriétaire sur ce ton majestueux et avec cette syntaxe terrible :

« Monsieur, depuis fort longtemps il a été convenu entre vos employés, vous représentant aux ateliers du 65, boulevard Arago, que les réparations les plus urgentes et pressantes seraient exécutées à mon domicile dudit boulevard Arago que j'habite, heureusement fort peu, étant donné son état lamentable où il est en ce moment.

« C'est ainsi que la pluie ayant traversé la toiture, l'eau a traversé également le plafond de ma chambre, qui est dans un état de saleté inhabitable ; les portes mal closes ne peuvent arrêter le vent et le froid de l'hiver. Il y a également des fenêtres à poser et promises depuis longtemps sur la façade nord de l'atelier. De toutes ces promesses, dont aucune n'a été tenue et que je viens vous renouveler une dernière fois en vous priant de vouloir bien y donner une réponse favorable, laquelle, dans le cas contraire, ne pouvant plus habiter l'atelier, je vous enverrais ma démission de locataire. » Et après cette menace, pour faire encore sur le propriétaire plus d'effet, il signe énergiquement : « Jean Carriès, statuaire, chevalier de la Légion d'honneur. »

18. Achats d'œuvres de Carriès par l'État :

1889, 18 décembre. — Achat et fonte à cire perdue d'une tête d'évêque, 5.000 fr.

1889, 5 décembre. — Achat d'un buste bronze de Charles Ier, 5.000 fr.

1892, 5 mai. — Achat de deux masques, deux bustes, une *Grenouille* et sept vases, 6.000 fr.

(Renseignements du Ministère de l'Instruction publique et des Beaux-Arts.)

Carriès en 1890

19. Dans son cahier de formules, véritable grimoire où il avait lui-même une peine grande à se reconnaître et où il aurait moins vite retrouvé une formule qu'il n'aurait fait d'en inventer dix, Carriès a d'ailleurs écrit une malice à peu près dans ce genre :

« Celui qui trouvera ce cahier peut se fouiller s'il espère en tirer quelque chose. »

20. C'est pendant ce voyage avec Monsieur Paul Mariéton, et pendant le séjour qu'il fit au manoir du Saix, forêt de Seillon (Ain), que la nouvelle de la mort d'Armand Gouzien lui parvint.

« .....Depuis quinze jours, ni l'art ni l'intérêt d'aucune sorte ne sont venus me troubler. Sinon la mort de mon inoubliable Gouzien, que je n'oublierai jamais et qui a rempli mon esprit de souvenirs que je ne puis chasser de ma tête. » (A Madame Ménard-Dorian.)

« Si vous savez quelque chose des derniers moments d'Armand Gouzien, écrivez-le-moi,
vous m'attristeriez, mais vous me feriez plaisir. » (A Monsieur Bassot.)

21. Lettre à Maurice Lobre, pendant le travail du *Saint Fidèle* :
« Viens passer un moment dans mon atelier d'Auteuil.

Carriès en 1890.

« Je te montrerai mon énorme
machine. Il y a des choses bêtes et
des choses bien ; je le crois sûrement,
quand ce ne serait que la volonté décidée dans mon esprit d'avoir voulu
faire ÇA sans inquiétude mentale du
dehors. »

[Signé] *Cœur de Potier*

(JEAN CARRIÈS).

Obsèques de Jean Carriès. — Ce
matin, à neuf heures, ont eu lieu, en
l'église de la Madeleine, les obsèques
de M. J. Carriès. Au moment de la
levée du corps, un peloton d'infanterie,
sous les ordres d'un lieutenant, a
rendu les honneurs funèbres. De fort
belles couronnes avaient été envoyées
par les nombreux amis et les admi-
rateurs du jeune maître. Celle offerte
par les artistes du Salon du Champ
de Mars était en roses naturelles avec
un large ruban mauve portant l'in-
scription suivante : « A J. Carriès, la
Société nationale des Beaux-Arts. »
Le deuil était conduit par le frère
du défunt.
L'absoute a été donnée par l'abbé
Hertzog, curé de la Madeleine.
L'inhumation a eu lieu au cimetière du Père-Lachaise.

Au cimetière, M. Puvis de Chavannes, au nom de la Société nationale des Beaux-Arts, avec
cette éloquente concision qui lui est propre, a, très ému, prononcé les paroles suivantes :

« Messieurs.

« Au nom de l'art français, au nom des amis désolés qui entourent cette tombe, je salue avec
un profond sentiment d'amertume et de regret l'artiste rare que la mort vient d'enlever dans tout
l'éclat du talent et des plus nobles, des plus légitimes espérances.

« Pour le célébrer, pour parler dignement du vide qu'il laisse dans notre patrie, je sens que
mes paroles se ressentiraient trop des pensées douloureuses qui m'assiègent et qui ont bien leur
écho dans vos cœurs. Je me bornerai donc à un adieu, si l'on peut ainsi appeler l'élan qui lie nos

âmes à un cher souvenir que nous saurons garder pieusement. » (*Journal des Débats,* mardi 3 juillet 1894.)

Un autre discours fut prononcé par M. Roger Marx au nom du Ministère des Beaux-Arts, et où l'orateur retraça l'œuvre et la carrière de l'artiste.

— Il n'est peut-être pas indispensable de joindre à ces notes une liste complète des articles de journaux ou de revues qui furent consacrés à Carriès. Comme nous l'avons indiqué, au point de vue biographique ils sont généralement inexacts, grâce à Carriès lui-même. Il reste donc de fort belles et éloquentes appréciations, sans doute, mais qui sortiraient du cadre documentaire de ces notes.

Cependant il faut citer parmi les principaux : un article de Mme Judith Gautier en 1881, un des premiers et des plus enthousiastes au moment du Salon (*le Rappel*); en avril 1884, un article de M. Charles Frémine (*le Rappel*), très expressif et très élégant; un autre de M. Gustave Geffroy dans *la Justice*, un de M. Paul Mantz dans *le Temps*, et un *post-scriptum* de M. Albert Wolff dans *le Figaro*.

En 1891, après la visite à Montriveau, nous avons donné au *Paris* un article développé, mais rempli d'inexactitudes biographiques.

Carriès en 1890.

En 1892, les articles furent très nombreux et très enthousiastes dans tous les journaux. La *Revue encyclopédique* publia un article illustré de M. Roger Marx; la *Revue félibréenne*, un article de M. Paul Mariéton; l'*Art français*, étude par M. Firmin Javel, avec nombreuses reproductions en photoglyptie; la *Revue illustrée*, une étude de M. Armand Dayot, avec de beaux dessins de Guérard d'après le *Vélasquez*, la *Loyse Labé*, l'*Aveugle* et la *Femme de Hollande*: cette étude fut, jusqu'alors, une des plus renseignées sur l'enfance et la jeunesse de Carriès. *Le Figaro* publia également, en 1892, un article remarqué de M. Paul Guigou; on y trouve entre autres l'amusant détail caractéristique de Carriès « n'aimant en art que ce qu'il a envie de voler ».

Après la mort, parmi les plus développés ou les plus justes d'appréciations : le *Journal des Débats* (M. André Michel, 2 juillet, édition du soir); *le Matin* (anonyme); *le Rappel* (M. Charles

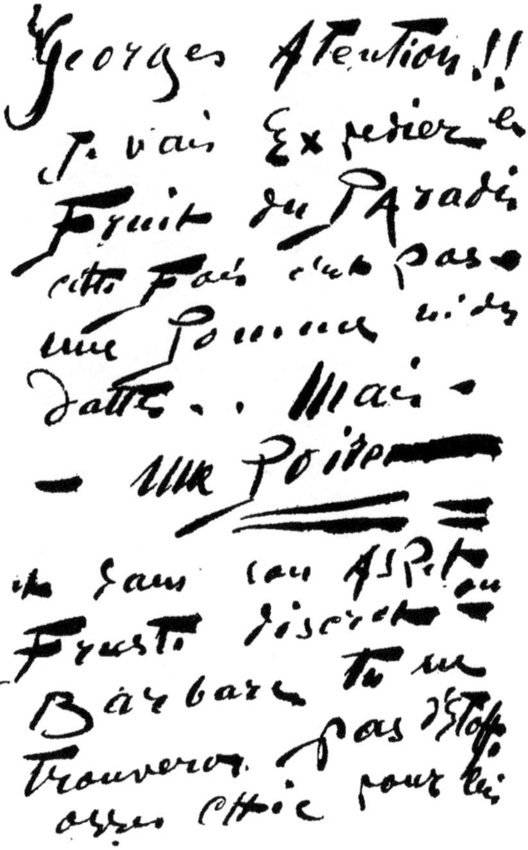

Georges Atention !!
Je vais Expedier le
Fruit du Paradi
cette Fois c'est pas
une Pomme ni dz
datte... Mais
— une Poire

de Sans lau Aspt
Fruits discrets
Barbare tu ne
trouveros pas d'Etoff
assez chic pour lui

Frémine); *l'Écho de Paris* (M. Édouard Conte); *le Temps* (M. Thiébault-Sisson), *le XIXe Siècle,* *l'Intransigeant* (anonymes); *la Justice* (M. B. Guinaudeau); *le Figaro* (supplément littéraire, M. Armand Dayot); *l'Éclair, le Paris, le Progrès de Lyon,* etc., etc.

La *Gazette des Beaux-Arts* a donné, quelque temps après la mort, l'article de Monsieur de Montesquiou, cité au cours de ce livre. L'écrivain accepte la légende de Carriès faisant ses

Autographe de Carriès.

Fac-similé d'une lettre à son ami Georges Hœntschel (1893).

premiers essais à Fontainebleau, et, sans le nommer, désigne par l'appellation de « grand seigneur étranger » M. de Galhau, dont il croit que « le fils » fut le modèle du *Buste de jeune homme*. Ces inexactitudes n'enlèvent rien au mérite littéraire de l'article.

Enfin, la revue anglo-américaine *The Century* a publié, en mars 1895, une très belle étude de M. Émile Hovelaque avec des illustrations. Ce sont les photographies exécutées pour cette revue, et que nous devons à l'obligeance de l'écrivain, qui ont servi à exécuter les héliogravures de Dujardin, le *Portrait de Carriès par lui-même* et la *Novice*.

Ajoutons, à ce propos, que les autres héliogravures ont été exécutées par MM. Ducourtioux et Huillard, et toutes tirées par M. Maire. Les six phototypies tirées hors texte, exécutées et imprimées par Gillot. Les phototypies ont été exécutées par MM. Bordier et Cᵉ, Ducourtioux et Huillard, Rougeron et Vignerot. Le *Saint Fidèle* a été héliogravé, le buste de *Baudin* et la maquette de la Porte typogravés, d'après des clichés Otto.

CATALOGUE

Le catalogue complet et détaillé de l'œuvre de Carriès n'a pu être établi, vu le peu de temps écoulé depuis sa mort, et la dispersion assez grande de ses œuvres, la répétition à plusieurs exemplaires des plâtres patinés de sa main, le nombre relativement important des pots et pièces de céramique qu'il a vendus en 1892 et 1893 à des amateurs très divers.

On trouvera donc ici surtout une récapitulation méthodique des œuvres étudiées au cours du volume, augmentée de quelques indications sur les matières employées, les différents états de certaines pièces, les dates des fontes principales, et, autant qu'on l'a pu, les noms des possesseurs.

Quant à la chronologie des œuvres, elle n'est pas fixée pièce par pièce pour cette raison : les dates des envois du Salon indiquent assez nettement la démarcation entre les premières œuvres, les *Épares*, et les grandes interprétations découvertes exécutées de 1883 environ à 1888. Or, à ces dernières, Carriès a travaillé à peu près simultanément. Enfin au cours du livre les dates des autres choses, des principales céramiques, etc., sont suffisamment indiquées pour qu'on en suive la succession.

I. — ÉVOCATIONS SENTIMENTALES PURES.

Le Christ ouvrier, œuvre de jeunesse, petit groupe en cire représentant saint Joseph avec l'enfant Jésus, à Monsieur Mollière, à Lyon. N'a pu être photographié par suite du décès du possesseur.

Le Vieux comédien (dit aussi le *Notaire*), plâtre patiné, atelier de Carriès.

Le Magistrat. Atelier de Carriès.

Carriès en 1889, à Montriveau. Il est assis au tour à potier.

D'après une photographie dédicacée

Souvenir du château de Montriveau, premiers essais céramiques du 7 octobre 1888 au 13 janvier 1889 à mon vrai ami Grasset, Jh. Carriès.

Le Cuisinier, terre cuite à Monsieur Granottier, à Lyon, plâtre patiné, à Jean Limet. Bronze au sable non signé, vendu récemment à l'Hôtel des ventes. Médiocre patine.

Un Désespéré, tête d'homme penché, barbu, les yeux ouverts, plâtre patiné, à Georges Hœntschel.

Un Désespéré, tête d'homme penché, moustachu, les yeux ouverts, atelier de Carriès.

Un Désespéré, tête d'homme penché, grand chapeau, barbu, les yeux fermés, plâtre patiné, à Jean Limet.

L'Homme à la casquette, plâtre patiné, atelier de Carriès. Également en grès, émail vert.

Vieillard avec un bonnet, plâtre patiné, atelier de Carriès.

La Religieuse, cire, à Monsieur Granottier, plâtre patiné, atelier de Carriès. Exécutée également en grès à trois exemplaires. Cette figure n'est pas exactement un portrait de la Mère Callamand; toutefois, il est inspiré par son souvenir, et l'on y retrouve quelque nuance de son expression générale, mais comme toujours avec l'interprétation personnelle de Carriès.

La Novice, cire, à Madame Ménard-Dorian.

Grès avec rehaut d'or et d'argent, à Georges Hœntschel.

Grès émail blanc, à Monsieur Jeanneney.

Carriès à Montriveau, en costume de velours, sabots, bonnet fourré
surveille ses ouvriers qui chauffent le four.

Grès divers, atelier de Carriès.
Tête de Moine (musée de Genève?), fonte à cire perdue en 1884.
Tête de Faune, bronze cire perdue, patine admirable. A Monsieur Leys.
Grès, à Monsieur Mourier (a servi pour notre héliogravure).
Grès divers, atelier de Carriès. Un d'eux a servi pour notre phototypie.
Bébé sur un coussin jouant avec son pantin, cire, atelier de Carriès.
Plâtre au docteur Jean Jullien.
Grès. A Monsieur Georges Hœntschel.
L'Infante ou la Fillette au pantin, bronze à cire perdue, superbe patine rouge. A Monsieur
Soubiran.
Le Mineur, plâtre patiné et repris à la cire. A Madame Ménard-Dorian.
Grès. A Monsieur le docteur Charrin.
Bébé au bonnet et à la bavette, souriant, bronzes. A Monsieur Gillot et à Madame Delaroche,
à Lyon.
Grès divers, atelier de Carriès.
Plâtres divers, patinés.
Bébé dormant les poings sur la poitrine, bronzes. A Madame Soubiran; à Madame Victor
Klotz. Divers plâtres patinés.
Bébé au nez retroussé, dit le Petit voyou, cire. A Madame Ménard-Dorian.

Construction du four à Montriveau.

Grès divers. Un de ces grès, dit le *Bébé rose*, exposé en 1892, est dédié à Auguste Arnault par un mot spécial de la main de Carriès rédigé sur parchemin.

Bébé, mi-riant mi-pleurant, la bouche ouverte. Un grès émail blanc. A Monsieur Jeanneney.

Grès divers, atelier de Carriès.

Le Bébé pensif, cire. A Madame Ménard-Dorian.

Un grès au musée du Luxembourg et un au musée des Arts décoratifs.

Grès divers, atelier de Carriès.

Un grès tigré de brun et de blanc, collection de l'auteur.

Le Guerrier, fonte à cire perdue en 1884. A Madame Ormond.

Plâtre patiné vert, à Monsieur Leclanché, vendu 1.010 fr. à la vente Castanié. Terre cuite, à Monsieur Blondeau.

L'Évêque. Bronze à cire perdue en 1885. A Monsieur Villeroy.

Bronze à cire perdue, fondu en 1889. Magasins de l'État. Il est regrettable que ce bronze ne soit pas exposé dans un musée de Paris.

Troisième bronze fondu depuis 1889. A......?

Plâtre patiné, à Monsieur Desfossé, très belle patine, vendu 1.200 fr. à la vente Castanié.

Autre plâtre patiné, à Monsieur Letellier, vente Gouzien.

Épave de théâtre, dit aussi le *Cabotin,* très beau bronze à cire perdue (fondu en 1892). A appartenu à Coquelin cadet.

Plâtre patiné, à Monsieur Georges Feydeau.

Autre plâtre patiné, à Monsieur Chavignac, vendu 1.025 fr. à la vente Gouzien.

Bronze au sable non signé, ancien, médiocre, vendu récemment à l'Hôtel Drouot.

Le Mendiant russe, bronze à cire perdue. A Paul Mariéton.

Tête d'aveugle, cire vierge. A Paul Mariéton.

Le Bouffon désespéré ou *l'Homme au grelot*, un grès brun clair. A Paul Mariéton.

Un autre grès avec rehauts d'or. A Georges Hœntschel.

Médaillon de jeune fille, dit la *Sœur de Carriès*, dédié : *A mon ami Bingen*.

Un bronze à cire perdue. A Monsieur Granottier, à Lyon.

Tête d'homme barbu, moustache rasée, avec sorte de bonnet au devant relevé, terre crue, atelier de Carriès.

Buste de jeune fille penchée, plâtre et cire. A Jean Limet.

Divers grès, atelier de Carriès.

Grande porte avec figures en haut et bas-reliefs, destinée à être exécutée en grès émaillé. Plâtre, atelier de Carriès.

Le Martyre de saint Fidèle. Maquette tiers de nature, cire. A Monsieur Granottier, à Lyon.

Buste de religieuse. dernière œuvre. Plâtre, atelier de Carriès.

Carriès avec ses ouvriers qui discutent les échantillons de cuisson (Montriveau).

II. — Évocations sentimentales et historiques.

Saint Louis enfant : bronze à cire perdue, fondu en 1888. A Monsieur Aynard, à Lyon. Plâtre, atelier de Carriès.

Tête de Christ ; plâtre patiné et un grès, atelier de Carriès.

Charles Iᵉʳ : plâtre patiné, exposé au Salon de 1881. Dédié : *Au meilleur de mes amis, le docteur Louis Jullien.* A Monsieur Ternisien.

Bronze à cire perdue, dédié au docteur Duborgia. Musée du Luxembourg.

Courbet, buste plâtre, atelier de Carriès.

Buste de Baudin, buste plâtre. A Monsieur le docteur Louis Jullien.

Loyse Labé, bronze cire perdue, fondu en 1887. A Monsieur Gillet, à Lyon. Plâtre original patiné. A Monsieur Michel, sculpteur. Grès, atelier de Carriès.

Frans Hals, buste, bronze à cire perdue, fondu de 1884 à 1885. A Madame Ménard-Dorian. Plâtre patiné, très belle patine. A Monsieur H. Bassot ; autre à M. Granottier, à Lyon ; autre à M. Leclanché, vendu 900 francs, vente Castanié ; autre en Suède, à M. Furstenberg ; autre, vendu 900 francs, à M. Dabot, vente Gouzien.

Autre plâtre patiné, atelier de Carriès.

Madame Hals, dite aussi *Femme de Hollande*, buste bronze à cire perdue, fondu de 1884 à 1885, patine verte. A Madame Ménard-Dorian.

Variante avec la coiffure échancrée à plat sur le front. Bronze à cire perdue. A Madame Delaroche, à Lyon. Deux autres bronzes, l'un à patine violette, l'autre à patine légèrement argentée par places, et le visage presque en ton naturel du bronze. Fontes à cire perdue. Un plâtre à Monsieur Arosa, vendu 800 francs à la vente Castanié, exécutées en 1893, atelier de Carriès.

Autre variante avec une sorte de cravate, grès, atelier de Carriès.

Vélasquez, buste bronze à cire perdue, fondu en 1889. A Madame Camille Blanc.

Divers plâtres patinés dont un aux États-Unis.

Statuette de Gentilhomme français, dit *le Callot*. C'est la statuette que Carriès tient à la main dans son grand portrait. A Monsieur Granollier, à Lyon.

Un plâtre patiné, à Monsieur Marre.

III. — PORTRAITS.

— *Le Colonel Miquel de Riu*, médaillon, terre cuite. A Monsieur le général Miquel de Riu.

— *Buste de sa sœur*, exécuté en 1876. A. . ?

— *Eugène Allard, peintre*, plâtre. A Madame Allard de Châteauneuf.

— *Masque voilé d'Eugène Allard*, terre cuite. A Madame Allard de Châteauneuf.

— *Un capitaine du 20ᵉ*.

— *Un adjudant du 20ᵉ*.

— *Divers portraits-médaillons exécutés à Montauban*.

Carriès assis dans la salle à manger de Montriveau (1893).

— *M. le Docteur Mollière* (1879). A Monsieur Mollière, à Lyon.

— *M. de Galhau*.

— *M. Villeroy*.

Mesdemoiselles Favier, petites-filles de Monsieur Villeroy. Dédié : *A mes petites amies de Vaudrevange*. Ces trois œuvres ont été fondues à cire perdue, en 1884. Appartiennent à Monsieur Villeroy, à Wallerfangen.

— *Rollinat*, médaillon plâtre. Une reproduction a paru dans *le Contemporain* (nᵒ 8, 16 décembre 1882.

Auguste Vacquerie, buste fondu à cire perdue en 1887. A Monsieur Lefèvre. Plâtre patiné, atelier de Carriès.

Jules Breton, buste bronze à cire perdue. A Monsieur Jules Breton.

Plâtre patiné, à Achille Cesbron.

Plâtre, atelier de Carriès.

Le chapeau remplacé par une sorte de bonnet, atelier de Carriès

— *Bébé en bas-relief.*

— *M. le Docteur Diday.*

— *M. Chauvet.*

— *M. Bouvret.* Ces quatre œuvres sont des portraits en bas-relief dont des épreuves en plâtre appartiennent au docteur Louis Jullien.

— *Le Chinois Koo-joui-Koui,* bas-relief cire. A Georges Hœntschel.

Plâtre, à Monsieur le docteur Louis Jullien.

— *Le Fils du général Lewal.*

— *La Fille du général Lewal.* Deux médaillons, bronze à cire perdue. Au général Lewal.

— *Grand portrait de Carriès par lui-même,* cire vierge. A Georges Hœntschel.

— *Gambetta.* Buste bronze à cire perdue. A Monsieur Waldeck-Rousseau.

Plâtres patinés. A Monsieur H. Bassot, à Coquelin cadet, etc.

Petit modèle en bronze, appartenant à Emmanuel Chabrier. Diverses épreuves, atelier de Carriès.

— *Mademoiselle Pauline Ménard-Dorian,* cire. A Madame Ménard-Dorian.

— *Buste de jeune homme,* fonte à cire perdue. A Madame Ormond.

— *Buste de jeune femme.* A Monsieur Mathevon, à Lyon.

— *Esquisse en terre du buste du Rodin,* atelier de Carriès.

— *Buste de femme,* atelier de Carriès.

Carriès en 1880, devant la porte de son « Château de Montriveau » avec le père et la mère Jean, les fermiers ses voisins.

IV. — CURIOSITÉS OU ŒUVRES DISPARUES.

— Le Fronton du château de Meslay-le-Vidame, pierre, en collaboration avec Pézieux. La moitié avec la figure du *Temps,* par Carriès. A Monsieur le comte de Brimont.

— Un emblème de l'Ordre de Saint François, pierre, au-dessus de la porte de la chapelle d'un couvent de la rue de la Santé.

— Une petite esquisse, bas-relief, pour le concours de la statue de la République. A Pézieux.

— Une Salamandre, pierre, propriété de Monsieur Gagneau, à Rueil.

L'Homme barbu à chapeau, reproduit chapitre VIII, œuvre disparue. A côté, sur la gravure, exécutée d'après une vieille photographie, on voit une esquisse du *Faune aux enfants*, œuvre détruite.

L'*Homme à la toque*, œuvre disparue.

VI. — ŒUVRES CÉRAMIQUES.

I.   *Pièces exécutées précédemment en d'autres matières et reprises en grès émaillé.* Elles sont mentionnées dans les précédentes divisions. Tels les *Bustes de bébés*, la *Religieuse*, la *Novice*, l'*Évêque*, etc., etc.

II.   *Pièces exécutées spécialement pour le grès.*

a.   FIGURES.   *La Damoiselle*, grès clair. A Madame Ménard-Dorian.

Autre épreuve, atelier de Carriès.

Le Grenouillard, grès clair verdâtre et jaune. A Georges Hœntschel.

Divers carreaux de la porte, en des émaux différents, notamment l'homme qui tient une bête, la grosse tête de fureur à la moustache hérissée, etc., etc.

La Grenouille à oreilles de lapin.

Grosse grenouille le dos courbé.

Monstre, sorte de grenouille-poisson à queue en forme de gouvernail, avalant une autre bête. Ces trois dernières pièces, exécutées avec des émaux de tons divers, existent à plusieurs exemplaires, et *la Grosse grenouille* en grande et en petite dimension.

b.   MASQUES. — Tous exécutés en différents émaux. Le type seulement est mentionné ici.

Double masque, deux figures accolées, souriantes.

Ces mêmes masques détachés.

Homme barbu, visage de travers.

Mon portrait vu en décor en 1891. A Auguste Arnault.

Masque de Carriès, même modèle, musée du Luxembourg.

Masque de vieillard barbu avec calotte, souriant doucement.

Masque dit la Mère de Carriès, grès blanc verdâtre, le dessous du menton jaune. A Georges Hœntschel.

Carriès criant, la bouche de travers. Grès brun, à Monsieur le docteur Charrin, pièce unique.

Masque de rire, avec verrues et collier de barbe, montrant les dents. Une très belle épreuve à Monsieur Jeanneney.

Race jaune.

Carriès faisant la moue. Un bel exemplaire à E. Grasset.

Le Nez cassé.

Masque d'horreur.

Masque large, riant, bonnet, verrue sous l'œil, montrant les dents.

Masque de vieillard barbu, souriant, la moustache en mèches couvrant la bouche, collection de l'auteur.

Masque de rire, toute la barbe.

c.   POTERIES AVEC FIGURES.

Grand seau avec têtes barbues.

Sortes de pots à anses, formés d'une tête grotesque dont la bouche s'allonge en forme de bec.

Pots en forme de baril, avec une tête barbue sur une des faces.

Grande embase formée d'un masque barbu, aplati, pour un pot en forme de long cornet renflé.

III. — POTS SANS AUTRE DÉCOR QUE L'ÉMAIL.

Vu le nombre et la diversité des possesseurs, ces pots n'ont pu être catalogués en détail, mais sont classés d'une façon générale par émaux et par formes, dans deux chapitres du volume.

Parmi les principaux possesseurs de poteries de Carriès, il y aurait lieu de citer les musées du Luxembourg et des Arts décoratifs. MM. Georges Hœntschel, Ménard-Dorian, Jeanneney, Dr Charrin, Gillot, Mourier, Ternisien, H. Bassot, Grasset, Limet, Albert Pasquet à Cosne, Octave et Joseph Uzanne, Auzoux, Granottier, Arnault, Dalou, A. Stevens, G. Berger, P. Mariéton, Soubiran, Jacques Doucet, Klotz, Maurice Lobre; MM^{mes} Delaroche à Lyon, Louise Breslau, Marie Gautier, Gelardoni, etc., etc.

Cette liste est loin d'être complète et ne doit être donnée qu'à titre de pure indication.

Le Musée des Arts décoratifs de Hambourg a fait un achat important à Carriès après son exposition de 1892, et, à cette occasion, Carriès écrivit au conservateur de ce musée une lettre chevaleresque où il lui disait être heureux d'avoir quelques œuvres dans la patrie de Durer et d'Holbein.

Quelques-uns des pots les plus précieux ne portent pas de signature, mais seulement un chiffre de formule. Tous les autres signés en dessous : Joseph Carriès, les premiers essais ; Jean Carriès, tous les autres, et généralement accompagnés d'une date et d'un chiffre de formule.